KB004316

신이 돈에 대해 어떻게 생각하는지 알고 싶다면,
그가 돈을 어떤 사람에게 주는지 살펴보라.

도로시 파커

돈은 순환된다. 따라서 부를 얻는 방법을 한마디로 표현하면
돈이라는 에너지의 흐름에 뛰어들어
'제대로' 고리를 거는 데 있다고 할 수 있다.

위르겐 힐러

부자가 되는 한 가지 방법이 있다.

내일 할 일을 오늘 하고, 오늘 먹을 것을 내일 먹어라.

유대 속담

우리의 일상은 돈 없이 흘러가지 못한다.

돈은 그저 교환의 도구가 아니다.

사실 돈에는 인간의 희로애락이 담겨 있다.

이 책은 심리학 관점에서 출발해 여러분이 돈과 자기 자신을

바라보는 시각을 새롭게 정립할 수 있게 도와줄 것이다.

이 책을 통해 돈의 주인이자 자기 자신의 주인이 되는 기쁨을

만끽하기를 바란다.

《身边的金钱心理学》by 周欣悦

Chinese Edition Copyright ⓒ2020 by China Machine Press

All Rights Reserved.

Korean Translation Copyright ⓒ2023 by DAVINCIHOUSE Co.,LTD.

Korean edition is published by arrangement with China Machine Press through EntersKoreaCo.,Ltd.

이 책의 한국어판 저작권은 ㈜엔터스코리아를 통한 중국 北京机械工业出版社와의 계약으로

㈜다빈치하우스가 소유합니다.

저작권법에 의하여 한국 내에서 보호를 받는 저작물이므로 무단전재와 무단복제를 금합니다.

상식을 뒤엎는
돈의 심리학

상식을 뒤엎는
돈의 심리학

펴낸날 2023년 6월 30일 1판 1쇄

지은이_저우신위에
옮긴이_박진희
펴낸이_김영선
편집주간_이교숙
책임교정_정아영
교정·교열_나지원, 이라야, 남은영
경영지원_최은정
디자인_바이텍스트
마케팅_신용천

펴낸곳 (주)다빈치하우스-미디어숲
주소 경기도 고양시 덕양구 청초로 66 덕은리버워크지산 B동 2007호~2009호
전화 (02) 323-7234
팩스 (02) 323-0253
홈페이지 www.mfbook.co.kr
이메일 dhhard@naver.com (원고투고)
출판등록번호 제 2-2767호

값 18,800원
ISBN 979-11-5874-193-8(03300)

• 이 책은 (주)다빈치하우스와 저작권자와의 계약에 따라 발행한 것이므로 본사의 허락 없이는
  어떠한 형태나 수단으로도 이 책의 내용을 사용하지 못합니다.
• 미디어숲은 (주)다빈치하우스의 출판브랜드입니다.
• 잘못된 책은 바꾸어 드립니다.

돈을 보는 관점이 그 사람의 인생을 좌우한다

저우신위에 지음
박진희 옮김

상식을 뒤엎는 돈의 심리학

미디어숲

돈은 인간의
심리를 조종한다

심리학은 독심술의 강호들이 모인 세계다. 다양한 파벌에 속한 독심술의 강자들은 이곳에서 자신만의 기술을 통해 사람들의 마음을 꿰뚫는다. 미묘한 표정 변화나 설문 조사, MRI 영상 그리고 데이터 등은 모두 심리학자들이 독심술에 자주 사용하는 도구다. 심리학의 대가들은 이를 분석, 가공하고 행동과 세상 이치에 거미줄처럼 얽힌 인간의 오묘한 심리를 파헤친다.

저자는 바로 이 심리학 강호들 사이에서 정상에 자리한 인물이다. 그런 그가 사용하는 도구는 바로 '돈'이다. 그는 '금전 연구'계의 독보적인 존재다. 최근 들어 중국 내 심리학자들이 외국 학계의 저명인

사들과 어깨를 나란히 할 만한 성과를 내는 것은 사실이지만 저자만큼이나 알차고 혁신적인 연구 결과를 내놓은 사람은 드물다.

그중에서도 가장 인상 깊었던 것은 돈을 세기만 해도 진통 효과가 나타난다는 이론이었다. 저자와 그의 연구진이 심리학계의 정상급 학보인 《심리과학Psychological Science》에 발표한 연구 결과에 따르면, 돈을 세는 것만으로도 사람들은 불안감을 덜고 자신에 대해 더 만족하게 된다고 한다. 이 연구 결과는 우리에게 돈이 심리의 보루 역할을 한다는 것을 말해 준다. 인간의 심리와 행동의 미묘한 변화는 모두 돈의 보호 아래서 이루어진다.

이 밖에도 대부분 연구 주제는 일반인의 상상을 뛰어넘는다. 듣기만 해도 신선한 그의 연구 주제들은 《네이처》지나 영국 공영방송 BBC를 포함한 다수의 유명 매체에 보도되었다.

저자가 '독심'에 주로 사용하는 '돈'이라는 도구는 우리가 자신을 이해하는 데도 활용할 수 있다.

돈과 인간은 별개여서 빈손으로 왔다가 빈손으로 가는 게 인간이라고 말한다. 하지만 이 책을 읽고 나면 돈은 더는 인간의 외적인 존재가 아닌 마음속 존재임을 알게 될 것이다. 우리 인생의 다양한 장면에서 돈은 제 역할을 다하며 인간과 더불어 존재한다.

돈은 인간의 심리를 조종한다. 그리고 인간의 심리는 다시 돈을 통해 외부 세계로 표출된다. 따라서 그 사람이 돈을 어떻게 사용하는지를 보면 그의 인성을 확인할 수 있다. 이것이 바로 저자가 사용하는 '돈을 이용한 독심술'의 방법이다.

우리는 이미 앞서 소개한 저자의 연구를 통해 돈이 진통제 역할을 한다는 것을 알게 되었다. 이는 돈이 인간에게 안정감이 들도록 하기 때문인데, 바로 이 안정감이 인간의 행동을 변화시킨다. 예를 들어 어떤 부자들은 돈을 통해 얻은 안정감으로 자신감을 얻고 스스로를 더 매력적인 사람으로 여긴다. 이 밖에도 부자들이 역지사지易地思之를 잘 하지 못하는 이유도 소개한다. 저자는 그 이유를 돈이 대부분 문제를 해결해 줘서라고 말한다. 따라서 돈 외의 다른 사물은 그들에게 그렇게 중요하지 않아 타인을 이해할 동기 자체가 사라진다.

'가난한 사람의 사고방식'이나 '부자의 사고방식' 같은 말을 들어 본 적이 있을 것이다. 우리는 돈이 인간의 행동에 미치는 영향을 어렴풋이 알지만 정확한 메커니즘은 이해하지 못한다. 이 책은 바로 그 점을 시원하게 긁어 준다.

돈의 심리학을 통해 우리는 꼭꼭 숨겨진 마음을 읽어낼 수 있다. 그중에서도 이 책에 소개된 '기능적 변명'은 아주 흥미롭다. 사치품을 파는 회사들은 브랜드의 가치뿐만 아니라 물건의 실용성을 강조하여 그것을 사는 소비자 대신 변명거리를 만들어준다는 것이다. 이들은 합리성을 강조하여 사회에서 말하는 이성적 소비를 하고 있다고 생각하게 만들어 소비자의 죄책감을 덜어준다. 따라서 사치품을 사는 소비자들은 주변의 시선에 대해 "나는 이 물건이 비싼 브랜드여서가 아니라 성능이 좋아서 산 거야."라는 변명을 할 수 있다. 이를 통해 우리는 사치품을 사는 사람들의 마음속 '근검절약이 미덕'이라는 심리의 존재를 알 수 있다.

인간의 심리는 예측하기 어렵다. 하지만 돈과 인간이 함께한 시간을 생각해 보면 돈을 이용해 충분히 인간의 마음을 엿볼 수 있다.

웨이즐차오
『심리학 보급』 저자

11

"그 사람을 알고 싶다면 그의 돈이 어디로 가는지를 보라"

우리는 일상을 살면서 늘 돈을 보고, 돈에 대해 생각하고, 또 이야기한다. 돈으로 할 수 있는 것들이 세상에 넘쳐나기 때문이다. 누군가는 돈은 교환의 도구에 불과하다고 생각할지도 모른다. 하지만 돈의 활용은 무궁무진하다. 그래서 우리는 더 많은 돈을 벌기 위해 고군분투한다.

심리학의 관점에서 볼 때 돈은 도구 그 이상의 가치가 숨어 있다. 인간관계에서 돈을 교환할 때 사람들은 돈의 존재를 다양한 방식으로 감춘다. 각종 경조사비를 봉투에 넣어서 주는 것이 대표적인 예다.

설날에 받은 세뱃돈 봉투를 아이들이 받은 직후 바로 열어 보면 어른들이 혼내는 이유도 비슷한 맥락이다. 부자들이 돈을 기부할 때 익명을 부탁하는 것도 따뜻한 마음이 왜곡되는 것을 피하고 싶기 때문이다. 돈은 다른 이름을 달고 타인에게 전달됨으로써 인간관계를 개선하는 데 도움을 준다.

그 밖에도 돈은 고통을 줄여 주기도 한다. 우리 연구진은 2008년 돈이 진통제의 역할을 한다는 사실을 증명했다. 2009년 노벨 경제학상 수상자 대니얼 카너먼Daniel Kahneman과 갤럽의 공동 연구에 따르면, 두통과 같은 통증이 있을 때 재산이 많은 사람의 고통은 평균보다 19퍼센트 높았고, 가난한 사람은 31퍼센트나 더 높았다.

일상에서 벌어지는 일 가운데 좋은 일의 80퍼센트는 돈과 관계없지만, 비극의 80퍼센트는 모두 돈과 관련이 있다. 돈과 감정 간의 관계 또한 이 책에서 중요하게 다루는 내용이다.

돈을 제대로 쓰는 방법을 알아야 우리는 행복을 극대화할 수 있다. 소비란 좋으면서도 머리 아픈 일이다. 경제학자 조지 로웬스타인 George Loewenstein은 외국 여행을 하면서 돈을 아끼려고 시끄럽고 창이 좁은 기차를 타며 경치를 포기한 것을 예로 들었다. 그에 따르면, 이는 절대 행복을 위한 올바른 소비가 아니다.

소비자의 지갑을 여는 것은 무지하게 어려운 일이다. 따라서 상인들은 소비자가 느낄 소비의 고통을 덜어 판매를 올리는 전략을 사용해야 한다. 이 책에서는 이러한 숨겨진 전략을 낱낱이 소개한다.

우리 연구진의 연구가 여러 매스컴을 타고 소개된 후 많은 이들이 내가 혹시 돈을 좋아해서 돈을 연구하는 것이 아닌지 물어왔다. 나도 돈을 좋아하긴 하지만 그렇다고 남의 입을 통해 내가 돈을 좋아한다는 이야기를 들으면 기분이 썩 좋지만은 않다. 우리는 어떤 사람이 돈을 사랑한다는 말을 보통 좋지 않은 표현으로 사용한다. 돈을 사랑하고 돈에 미친 사람들은 부도덕할 거라는 편견도 이러한 인식에 한몫한다. 하지만 이러한 편견에 대한 정확한 근거를 가지고 말하는 사람은 드물다. 이 책에서는 바로 이 근거를 심도 있게 다룬다.

우리는 돈이 교환의 도구 그 이상을 의미하는 시대에 살고 있다. 변화하는 시대에 발맞춰 등장한 '돈의 심리학'의 연구 목적은 돈과 사람의 정서, 인간관계, 행동 그리고 각종 전략이 우리에게 미치는 영향 등을 포함한다. 이 책에서는 이와 같은 돈과 관련된 재밌는 현상을 분석하고 그 뒤에 숨겨진 인간의 마음을 보여 준다.

경제학자 머턴 밀러Merton Miller는 이렇게 말했다.

"그 사람을 알려면 그의 돈이 어디로 가는지를 보라."

이 책은 독자들이 자신을 더 잘 이해하고 돈의 주인이자 곧 나 자신의 주인이 될 수 있도록 돕는다.

마지막으로 내가 가르치는 학생들과 편집부의 노고에 감사하다는 말을 전하고 싶다.

절강대학교 교수, 저우신위에

차례

추천사 돈은 인간의 심리를 조종한다 · 8

프롤로그 "그 사람을 알고 싶다면 그의 돈이 어디로 가는지를 보라" · 12

1장
돈에도 감정이 있다
돈과 인간 심리

안절부절형 & 햄스터형 · 23

돈을 쓸 줄 모르면 돈의 노예가 된다 · 29

돈은 세상을 바라보는 시야를 좁힌다 · 37

'돈'이라는 마약에 중독된 사람들 · 41

슬픔과 기쁨, 분노의 태그가 달린 돈 · 44

나와 돈 사이의 심리적 거리 · 50

나는 왜 늘 SNS 속 최하층민일까 · 57

돈 자랑만 즐기는 영원한 솔로 · 64

돈 때문에 상처받지 않는 법 · 68

가난을 자초하는 사람들의 기괴한 심리 · 74

돈을 세는 것만으로도 고통이 줄어든다 · 79

돈은 죽음의 공포도 물리친다 · 91

2장
돈을 알면 세상 돌아가는 원리가 보인다 돈과 사회생활

'얼굴값'은 도대체 얼마일까 · 97

외모와 수입의 미묘한 상관관계 · 103

'립스틱 경제'의 셀프 응원 효과 · 112

똑같이 나눠도 어딘가 불공평한 돈 · 118

돈이 아닌 시간을 기부하는 즐거움 · 128

형편에 따른 기부 권유의 특별한 방법 · 133

기부에 탁월한 미美의 전략 · 137

대중의 지갑을 공략하는 '피해자 신원 효과' · 141

기부함을 모른 척하면 나쁜 사람일까? · 147

3장
합리적 소비일까, 함정에 빠진 걸까 돈과 소비 행위

한 푼이라도 더 받을 수 있는 과학적인 방법 · 155

왜 바닥의 동전은 줍지 않고 할인쿠폰은 챙길까? · 161

말뚝 효과, 말도 안 되는 가격에 속아 넘어간다 · 166

"비싼 것이 좋다"는 말의 진실 · 173

'비싼' 레스토랑과 '저렴하지 않은' 레스토랑 · 180

사치품에 실용성이 가미된 최강의 유혹 · 186

최악의 마케팅, '눈으로만 보세요' · 192

온라인 쇼핑에서 판매자의 함정 피하기 · 196

지불의 고통을 줄이는 기상천외한 방법 · 199

심리적·시간적 거리와 구매력의 상관관계 · 204

이익보다 손실을 더 크게 받아들이는 이유 · 209

4장

모든 일은 돈과 관련 있다
돈과 행복

시간은 금이 아니다 · 219

행복해지고 싶다면 물건보다는 경험을 사라 · 223

로또가 아닌 선행에 투자하라 · 231

착시 현상이 만든 부자들의 행복 · 238

부부간에 돈은 어떻게 관리하면 좋을까? · 242

미움받는 사람이 수입이 더 좋은 이유 · 246

개천에서 용 나오던 시절은 이제 끝이 난 걸까? · 250

당신은 양심을 얼마에 팔 수 있는가? · 256

돈이라는 보상은 흥미를 파괴한다 · 259

부자와 빈자 중 누가 더 인색할까 · 265

돈을 보는 것만으로도 이기적이 된다 · 269

경제학 지식이 도덕에 미치는 영향 · 274

도덕성을 훼손하는 징벌제도 · 277

참고문헌 · 282

사람은 신념에 따라 행동한다.
그리고 그 신념은 곧 자기 자신이 되고
어떤 마음으로 살아갈지를 결정한다.
돈은 이러한 자기중심적 경향을 더 강력하게 만든다.

돈은 교환의 도구 말고도 그 자체로도 상징성이 크다.
돈은 강함과 전지전능이라는 의미를 내포한다.
그래서 그걸 떠올리기만 해도 실제로 그 힘을 가진 것 같은 착각을 불러일으킨다.

1장

돈에도 감정이 있다
돈과 인간 심리

돈은 당연히 울거나 웃는 등 인간과 같은 감정 표현을 할 수 없다. 하지만 감정을 담는 그릇은 될 수 있다. 그 그릇에 담긴 감정이 소비 방식을 결정하는 중요한 역할을 한다.

01

안절부절형 &
햄스터형

　돈은 우리를 주인이 되거나 노예가 되게 한다. 돈과 어떤 관계를 맺느냐에 따라 돈을 쓰거나 모으거나 혹은 탕진하게 된다. 혹시 친구 중에 이른바 '건물주'도 아니면서 모임만 했다 하면 앞장서서 계산하려는 사람이 있지 않은가? 혹시 물건을 살 때마다 가격 비교사이트를 다 돈 다음 제일 싼 가격에 구매하는 사람은 없는가? 혹시 할인 조건을 맞추려고 필요도 없는 물건을 사지는 않는가? 소비 품목 중에 정말 필요한 것 말고 얼마나 많은 것들을 그저 자랑하기 위해, 외로움을 달래기 위해, 조급함을 덜기 위해, 자존감을 채우기 위해 구매하는가?

　나는 돈과 과연 어떤 관계를 맺고 있는가? 바로 그 관계가 내가 돈의 주인인지, 노예인지를 결정한다. 그리고 돈 쓰는 방법과 모으는 방법, 투자하는 법을 결정한다. 투자해서 이익을 얻으면 그건 자신만 알 수 있다. 그래서 당신과 돈의 관계에 문제가 생기면 타인은 결코 쉽게 알아차리지 못한다. 자신만이 문제를 진단할 수 있다.

이제부터 돈 쓰는 방식, 우리와 돈의 관계를 종합해서 돈 문제와 관련된 5가지 유형을 정리해 본다. 내가 이 중에 어디에 해당하는지 잘 생각해 보자.

안절부절형
이런 유형은 돈을 뜨거운 솥 안의 개미처럼 대한다. 그들은 계좌 잔액을 수시로 확인하고 또 거래 내역을 확인하는 행위 자체를 좋아한다. 마치 몸 관리에 열중하는 사람들이 먹은 음식의 칼로리와 양을 기록해놓거나 만보기의 기록을 보며 뿌듯해하는 것과 같다. 어떤 사람들은 이자에 상당히 민감하고 신용카드 사용으로 쌓인 포인트 하나하나에 집착한다. 또 인터넷에서 구매 시 여러 가격 비교사이트들을 드나들며 혹시 남들보다 돈을 더 주고 사는 건 아닌지 노심초사하며 끊임없이 가격을 비교한다.

주식을 살 때도 매수와 매도를 반복하며 그것이 가장 똑똑한 방법이라고 여긴다. 하지만 그렇게 거래를 많이 할 동안 과연 수수료까지 세심히 고려했을까? **이런 유형이 돈을 대하는 태도는 '아무것도 안**

하기보단 뭐라도 하는 것'이다. 그들은 '가만히 있으면 중간이나 간다.'라는 말은 절대 믿지 않는다.

하지만 이처럼 모든 일에 일일이 반응하는 것은 외부 환경의 영향을 받기 쉬운 상태로 만든다. 돈을 엄격히 관리하는 사람들은 인생을 살면서 다른 면에는 소홀한 경향이 있을 수 있다. 예를 들어 섭식 장애가 있는 환자들은 돈과 관련해 매우 엄격한 경향을 보이기도 한다.

잔액에 집착하는 것은 숲을 간과하고 나무만 보는 꼴이다. 한 발짝 물러나 큰 그림을 그려 보라. 장기적인 목표가 있는지, 너무 돈에만 신경을 쓰는 것은 아닌지, 또 그것이 삶에 지장을 주지는 않는지 곰곰이 생각해 봐야 한다.

햄스터형

"놓치지 않을 거예요."

이런 유형이 돈을 대하는 태도다. 그들에게 돈은 곧 안정감의 원천이다. 그들은 모험을 싫어하고 돈과 그 외 자산을 잔뜩 모아 둔다. 이들은 어쩔 수 없이 돈을 쓰고 피치 못해 투자를 감행한다.

영국에서 2015년부터 실시한 퇴직금 자유 인출 계획은 55세를 넘은 직후부터 퇴직금을 인출할 수 있도록 했다. 하지만 3분의 1은 퇴직금을 인출한 뒤 다시 은행에 맡겼다. 비록 이자는 낮더라도 함부로 투자힐 수 없었기 때문이다.

넉넉하지 못한 어린 시절을 보낸 사람이라면 돈을 안정감의 근원이라고 여길 수 있다. **먹이를 쟁여 놓는 햄스터처럼 현금 뭉치나 골드바를 집에 쌓아 두는 행위 또한 여기서 비롯된다.** 보이는 곳에 돈을 두어야만 안심이 되기 때문이다.

행복형

이런 유형은 끊임없이 '소비'하며 행복해한다. 이렇게 얻은 행복감은 거품과도 같아서 물건을 손에 넣고 나면 그 즉시 사라진다. 하지만 **다른 물건을 가지고 싶다는 생각과 새로운 목표는 이내 다시금 흥분감을 일으킨다. 그들은 기분이 안 좋을 때면 물건을 왕창 사는 것으로 자신의 감정을 치료하려고 한다.** 그것이 자신을 악순환에 빠지게 하는 것인 줄도 모른 채 말이다. 이러한 쇼핑은 아주 단시간의 효과만 볼 수 있다. 또한 더욱더 깊은 자책감에 빠지게 할 수도 있다. 어떤 사람은 이 때문에 사 모은 옷들을 상표도 떼지 않고 남들이 보지 못하게 숨기기도 한다.

많은 여성이 옷과 화장품 쇼핑에 중독되는 것처럼 남성도 행복감을 느끼려 비싼 시계나 벨트를 구매하기도 한다. 이런 유형에 속한다면 채무 문제에 대해 진지하게 생각해 볼 필요가 있다. 또한 구매 내역 보는 것을 두려워하지 말고 충동구매에 얼마나 많은 돈을 썼는지 주기적으로 확인해야 한다.

허세형

이런 유형은 돈을 술 마시듯 쓴다고 할 수 있다. 술을 마시면서 큰 소리로 주정을 부리며 주위의 관심을 끄는 것이다. 이 유형은 주로 남성들에게서 찾아볼 수 있다. 그들은 돈으로 관심을 끌고 싶어 한다. 매번 모임을 할 때마다 그 자리의 주인공이 되고 싶어 큰소리로 한턱을 쏘겠다고 외친다. 또한 자기가 통이 크다고 생각한다. 그들은 돈을 이용해 한 계단 위에 서서 다른 사람들을 내려다본다. 기부할 때면 매우 큰 액수를 기부하며 동네방네 소문을 내고, 경매할 때는 무조건 높게 불러 일단 차지하고 본다.

이런 행동은 타인의 존경과 관심을 받기 위해서 하는 행동일 수 있다. 따라서 주로 자기애가 강한 사람들이 이런 유형에 속한다. 자신이 이런 유형에 속한다고 생각된다면 돈을 쓰지 않고도 남에게 인정을 받는 방법을 고민해 봐야 한다.

회피형

이런 유형의 사람은 타조처럼 얼굴을 모래에 묻는 한이 있어도 절대 거래 내역을 보려고 하지 않는다. 어떤 사람들은 돈이 많은 편이 아닌데도 자신의 재무 상황에 관심을 가지려 하지 않는다. 이러한 경향은 모두 돈과 관련해 불안감을 느끼기 때문이다.

아무것도 하지 않는 것은 당연히 뭐라도 하는 것보다 쉽고 간편하다. 이런 유형은 돈 관리 방법을 디폴트 값으로 정해 놓는다. 따라서 영국 정부는 본인의 별다른 의사가 없으면 입사 시 자동으로 퇴직금 관리 플랜에 가입하도록 해 놓았다. 이렇게 하면 앞서 말한 타조들이 알아서 가입되기 때문이다. 또 몇몇 '고급' 타조들은 자산관리사에게 맡기고는 들여다보지도 않을 뿐만 아니라 물어보지도 않는다. 만약 자신이 이런 유형에 속한다면 2주에 1시간 정도는 시간을 내 자신의 재무 상황을 살펴보자. 지출과 수입 등을 꼼꼼히 살펴 자신의 돈이 어디에 있는지 확실히 알아야 한다.

인터넷이 생기고 나서는 온라인 쇼핑몰과 인터넷 뱅킹을 24시간 내내 이용할 수 있게 되었다. 이에 따라 돈을 어떻게 쓰는지, 그 유형에 따라 양상이 달라졌다.

만약 돈이 우리에게 어떤 영향을 주는지를 이해한다면, 돈에 휘둘리지 않고 더욱 잘 관리할 수 있을 것이다. 돈과 나의 관계를 알고 나면 사재기나 그로 인해 생긴 죄책감 등 건강하지 못한 행동을 미리 예방할 수 있다.

연애할 때도 상대의 씀씀이가 어떤지 알아두면 좋다. 만약 한쪽이 안절부절형이고 다른 한쪽이 회피형이면 어울릴지 모른다. 하지만 한쪽이 행복형이나 허세형이고 다른 한쪽이 햄스터형이라면 둘은 '돈' 문제로 갈라설 가능성이 크다.

돈을 쓸 줄 모르면
돈의 노예가 된다

쇼핑으로 얻는 행복은 언제나 짧게 끝나고 만다. 소비 중독은 갈증을 술로 푸는 것과 같다. 마윈은 "돈을 쓰는 것은 버는 것보다 어려운 것 같다."라고 말했다. 이 말만 들어 보면 대신 가서 돈을 펑펑 써 주고 싶다는 생각이 들지도 모른다. 우리는 모두 스스로 돈 쓰는 데 귀재라고 생각한다. 마크 트웨인은 이런 명언을 남겼다.

"만약 돈을 쓸 줄 아는 사람이라면 그 사람은 돈의 주인이다. 하지만 돈을 쓸 줄 모르는 사람은 돈의 노예에 불과하다."

돈을 쓰는 일은 언제나 즐거운 일이라고만 생각해왔다. 어떤 사람은 기분이 나쁠 때 물건을 마구 구매하며 스트레스를 풀기도 한다. 그런데 돈을 쓰는 행동으로 인해 고통을 겪고 거기에서 벗어날 수 없게 된다는 말을 들으면 믿지 못할 수도 있다. 그렇다면 '소비광^狂'이라는 정신적 질병에 관해서도 살펴보자.

소비를 제어하지 못하면 자유를 잃는다

'소비광'은 최근 들어 나타난 현상은 아니다. 역사와 문학작품에는 이 같은 성향을 보이는 사람들이 많이 등장한다. 장 푸케(프랑스 화가)에서부터 루이 16세, 미라보(프랑스 정치가), 발자크(프랑스 작가), 그리고 쇼핑 중독에 걸린 보바리 부인(프랑스 소설 속 등장인물)까지. 19세기 심리전문가들은 그들을 '소비 중독자'라고 불렀다. 마치 알코올 중독자가 술을 끊기 힘들어하고 도박 중독자가 도박을 중단하기 어려워하는 것처럼 소비 중독자 역시 끊임없는 소비 욕구를 쉽게 제어할 수 없다. 도파민이 분비되면 사람들은 쾌감에서 벗어나기 힘들어지고 술과 도박, 소비를 쉽게 끊을 수 없어진다. 그리고 자신을 제어할 수 없어 결국 자유를 잃는다.

크리스텐슨Christenson과 파버Faber 등은 1994년 진행한 연구에서 소비 중독의 대상이 된 상품은 주로 신발, 의류, 완구, 화장품 등이었고, 주로 여성들이 소비 중독자의 90퍼센트를 차지한다는 것을 발견했다. 어쩌면 소비 중독에 걸린 여성들은 막무가내가 아닌 실제로 그 상품을 좋아해서 소비로 이어졌다고 생각할지도 모른다. 하지만 사실을 파헤쳐 보면, **소비 중독에 걸린 사람들은 그 상품을 사용하는 것을 좋아하는 것이 아니라 그 상품을 얻게 된 사실에 쾌감을 느끼는**

것이다. 그렇다면 이런 유형의 쾌감은 과연 얼마나 오래갈까?

소비가 주는 즐거움은 잠깐이다

2013년 리친스Richins는 미주리대학교 학생 174명을 대상으로 실험을 진행했다.

먼저 학생들의 가치관을 조사해 크게 물질만능주의인 학생과 그렇지 않은 학생들로 분류했다. 물질만능주의란 간단히 말해 돈과 물질만 있으면 인생이 행복해진다고 생각하는 것이다. 연구진은 학생들의 물건 구매 전후의 기분 변화를 추적했다. 학기 초에 학생들에게 해당 학기에 최소 6개월 이상은 사용하게 될 중요한 물건을 구매 리스트에 적게 했다. 그리고 학기 중과 학기 말에 각각 그 물건을 구매한 후에 얼마나 기분이 좋았는지를 조사했다.

조사 결과, 물질만능주의 학생들은 그렇지 않은 학생들보다 물건 구매 전에 더 큰 행복감을 느꼈다. 그 물건이 손에 들어오는 상상만 해도 더없는 행복을 느낄 수 있었기 때문이다. 그리고 그 물건만 있으면 삶이 크게 변하리라 믿었다.

문제는 **소비가 주는 즐거움은 그들이 카드를 긁은 직후 급격히 떨어졌다**는 것이다. 물질만능주의 학생들은 물건을 손에 넣는 순간 커다란 공허함을 느꼈고 기대와는 다르게 점점 실망하기 시작했다. 구매했던 물건이 생각보다 일상에 큰 변화를 주지 못했기 때문이다. 비⸰물질만능주의인 학생들에 비하면, 그들의 행복감은 더 빠른 속도로 하락했다.

더 무서운 점은 이런 높은 쾌락과 실망의 구렁텅이에 빠지는 패턴이 물질만능주의 학생들에게서 반복적으로 일어난다는 것이다. 따라서 그들은 끊임없이 악순환에 휘말리고 막무가내 소비를 멈추지 못하게 되는 것이다.

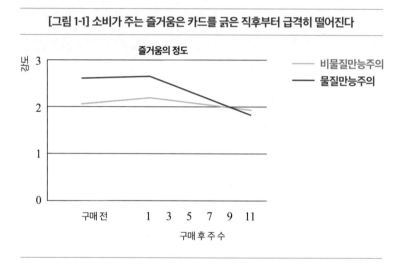

[그림 1-1] 소비가 주는 즐거움은 카드를 긁은 직후부터 급격히 떨어진다

소비 중독자는 절대 소비를 통해 영원한 기쁨을 누리지 못한다. 비록 멈추지 않는 소비를 통해 짧은 행복을 이어 갈 순 있어도 이는 결국, 마른 목을 술로 축이는 꼴일 뿐이다. 어떤 이는 우울감을 소비를 통해 치유하려고 한다. 하지만 안타깝게도 이런 사람들은 그로 인해 더 깊은 우울감에 빠질 수 있다.

소비 중독은 일종의 강박 증세다. 강박 증세 때문에 초조해진 사람들은 그런 마음을 소비로 달래려고 한다. 하지만 금세 원상 복귀되고 만다. 병적인 의존 증세를 보이는 사람들 또한 초조함을 끊임없는 계좌 잔액 조회와 반복되는 소비로 달래는 경향이 있다.

누구나 알다시피 쇼핑 중독자, 도박 중독자들은 그 끝이 좋지 못하다. 일단 스스로가 이미 충분히 즐겼다는 사실을 알고 있음에도 계속 같은 행동을 반복하는 것은 스스로의 마음을 흔들어 죄책감을 심어 놓는다. 흥미로운 점은 이런 죄책감 또한 즐거움의 일부가 된다는 것이다. 하지만 결국 이로 인해 자기혐오에 빠지는 결과를 초래하게 된다.

몇몇 사람들은 구매 후에 자신이 산 '전리품'을 시야에서 치워 버리기도 한다. 많은 쇼핑 중독자가 상품 태그를 자르지도 않고 옷장 같은 곳에 쌓아 둔다. 쇼핑은 그들에게 즐거움과 자기혐오라는 혼재된 감정을 안긴다.

쇼핑 중독자는 돈의 노예와 같다

1988년 벨크Belk는 사람들이 자신이 구매한 물건으로 신분을 은근히 드러낸다는 사실을 연구했다. 빽빽하게 걸린 옷과 다양한 종류의 신발, 시계, 모자… 이 모든 것은 자신의 '보호색' 역할을 한다.

루마니아에서 영어를 할 줄 아는 사람은 별로 없다. 하지만 루마니아의 코카콜라 광고는 언제나 영어였다. 코카콜라는 왜 그 나라 사람 말을 쓰지 않는 걸까?

루마니아 소비자들은 서양 브랜드 제품을 아주 높게 평가하며 그런 제품을 사는 것은 높은 사회적 지위를 가졌음을 의미한다고 여겼다. 루마니아 소비자들이 가진 이러한 심리적 특징은 코카콜라 회사가 현지 언어를 포기하고 결국 영어로만 광고하게 하는 결과를 낳았다. 그렇게 함으로써 **그들이 사는 것은 콜라가 아닌 '지위'라고 느끼게끔 했다. 코카콜라는 이렇게 '영어'라는 보호색을 띠고 루마니아 소비자들의 소비 욕구를 자극했다.**

보호색이 필요한 또 하나의 예가 있다. 바로 자존감이 낮은 사람들이다. 자신의 가치를 잘 알지 못하는 사람들은 구매한 물건을 통해 자신의 능력을 확인하고 물질이라는 성벽 아래서 안정감을 느낀다.

어느 해, 한 중년 남성이 나를 찾아와 상담한 적이 있었다. 그의 아내는 돈을 잘 버는데 정작 자신은 회사가 파산하는 바람에 실직 신세가 되고 말았다는 것이다. 그 후부터 그는 각종 물건을 사는 데 돈을 마구 써댔다. 그는 아내가 자신보다 더 잘나가는 것에 대한 불만을 그런 식으로 표출했다. 공격적인 성향을 물질에 쏟아내는 이런 행위는 일종의 자기방어 기제로 해석될 수 있다.

물질만능주의적 사람들은 보호색을 입고도 행복해하지 않는다. 이미 많은 연구 결과로 물질을 더 많이 숭배할수록 거기서 느낄 수 있는 행복감은 더 낮아진다는 사실이 알려져 있다. 정상적인 소비와 비교했을 때, 쇼핑 중독자들은 더 깊은 우울감과 초조함을 느낀다. 그러한 증세를 보이는 사람들은 그렇지 못한 사람들에 비해 더 쉽게 섭식 장애와 같은 심리적 질병을 앓게 되는 경우도 많다.

쇼핑 중독자들은 마치 돈의 노예와도 같다. 스스로의 힘으로는 절대 벗어날 수 없기 때문이다. 하지만 아예 치료하기 불가능한 것은 아니다. 먼저 어떤 환경에서 쇼핑 중독이 생기는지 알아보자.

예를 들어 배우자와 다툰 직후 보상 심리가 쇼핑으로 이어진다면 '다툼'이 바로 중독을 해결할 열쇠가 된다. 다음엔 자신만의 '가치관'을 확립한다. 이는 물건을 통해 자신의 가치를 확인하려고 하는 쇼핑 중독자들에게 꼭 필요한 것이다. 이외에도 다른 곳에 관심을 돌리는 방법이 있다. 물건 구매에 강박 증세를 보인다면 음악 감상이나 운동 등 다른 일들을 하는 것이다.

[표1-1] 나는 물질만능주의자일까?

자신이 해당한다고 생각되는 곳에 표시하고 점수를 매겨 보세요.
(1=아주 동의하지 않음, 3=어느 정도 동의함, 5=아주 동의함)

점수 계산법: 문항 2, 4, 5, 6, 10번은 체크한 것과 반대로 점수를 매긴다
(예: 5에 체크 시 1점으로 계산). 총점이 클수록 물질만능주의에 가깝다.

1. 나는 비싼 아파트와 자동차 혹은 옷을 가진 사람들을 부러워한다.	1	2	3	4	5
2. 나는 주로 필요한 물건만을 산다.	1	2	3	4	5
3. 만약 내가 가지고 있지 않은 물건이 생기면 생활의 질이 높아질 것 같다.	1	2	3	4	5
4. 내 지인들에 비하면 나는 그렇게 물질을 중요시하는 사람이 아니다.	1	2	3	4	5
5. 나는 물질적인 면에서 소박한 편에 속한다.	1	2	3	4	5
6. 더 좋은 물건을 가지게 되더라도 내 생활은 그 물건 덕에 크게 행복해지는 않을 것이다	1	2	3	4	5
7. 물질적인 재산을 얻게 되는 것은 살면서 가장 중요한 성과 중 하나라고 생각한다	1	2	3	4	5
8. 나는 실용적이지 않은 물건을 구매하는 것을 좋아한다.	1	2	3	4	5
9. 만약 더 많은 물건을 살 수 있다면 더 행복해질 것 같다.	1	2	3	4	5
10. 나는 그 사람이 물질적으로 얼마나 풍족하든 그것이 성공의 지표가 될 수는 없다고 생각한다.	1	2	3	4	5
11. 나는 물건을 사는 것에서 즐거움을 느낀다.	1	2	3	4	5
12. 나는 그 사람이 가진 물건이 그가 얼마나 성공했는지를 잘 보여준다고 생각한다.	1	2	3	4	5
13. 나는 각종 사치품 사는 것을 좋아한다.	1	2	3	4	5

03 돈은 세상을 바라보는 시야를 좁힌다

"돈이 상상력을 방해한다."라는 말이 있다. 게다가 돈은 상상력뿐만 아니라 시야를 좁히기도 한다. 돈은 내 시야에서 타인을 지우고 마치 이 세상에 자신이 최고인 듯한 기분이 들게 한다.

찰스 디킨스의 장편소설 『두 도시 이야기』에는 이런 장면이 나온다.

귀공자들이 항상 마차를 타고 인도가 없는 좁은 도로를 달리며 물건들을 막무가내로 치고 지나간다. 그들의 야만스러운 마차에 치인 백성들은 다치거나 죽어 나갔다. 어느 날 후작의 마차가 길에서 가난한 집 아이를 치었다. 후작은 얼굴을 잔뜩 찌푸린 채 애들 관리를 똑바로 하지 않는다며 마구 욕을 해댔다. 그러고는 마차 밖으로 금화 한 닢을 던졌다.

마치 길을 가다 우연히 남의 집 어떤 물건을 망가뜨렸고 돈으로 보상했으니 충분하지 않냐는 듯이….

가난할수록 타인에게 시선이 오래 머문다

2016년 뉴욕대학교 심리학과의 디에즈Dietze와 노웰스Knowles는 뉴욕 시민 61명에게 새로 출시한 구글 안경을 쓰고 맨해튼 거리를 걷게 했다. 연구진은 구글 안경에 녹화된 화면 기록을 통해 참가자들이 길을 걸을 때 다른 사람들을 얼마나 쳐다보는지를 관찰했다.

그 결과 돈이 많은 참가자는 지나가는 다른 행인에 아무 관심이 없었다. 이는 가난한 사람들의 시선이 타인에게 오랫동안 머무르는 것과 대조되었다. 부자와 빈자는 마치 다른 세계에 있는 것처럼 보였다.

연구진은 이번엔 397명의 실험 대상자들에게 '틀린 그림 찾기'를 시켰다. 모든 사람이 사진 한 장씩을 받았는데 이 사진에는 사람 얼굴 하나와 5가지 물건이 인쇄되어 있었다. 사진 한 장을 0.5초간 바라보게 한 후, 6가지 물건 중 바뀐 것이 얼굴이었을 경우, 부자 참가자들은 바뀐 그림과 원래 그림과의 차이를 잘 인식하지 못했다. 하지만 부자가 아닌 참가자들은 얼굴이 바뀐 것을 잘 인식했다.

모든 사람은 타인의 얼굴에 민감하다. 뇌는 평범한 물건을 볼 때보다 얼굴 사진을 볼 때 더 흥분하는 반응을 보이며, 따라서 얼굴에 대한 기억은 더 강렬하게 남는다. 심지어 아기들도 다른 사물보다 얼굴을 더 오래 쳐다본다는 사실이 알려져 있다.

[그림 1-2] '틀린 그림 찾기' 사진 예시. 얼굴 그림만 바뀌었다.

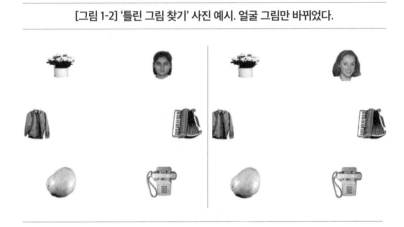

1996년 이탈리아 파도바대학교의 발렌자Valenza 등은 20명의 아기들에게 사진 2장을 보여 줬다. 한 장은 3개의 사각형으로 입과 눈을 표시해, 마치 얼굴같이 생긴 그림이었고 다른 한 장은 여기서 눈과 입을 거꾸로 붙여 사람 얼굴처럼 생기지 않은 그림이었다. 그 결과 사람 얼굴처럼 생긴 사진을 먼저 보여 주자 아기의 시선은 사진에 약 8.8초 머물렀다. 사람 얼굴과 다르게 생긴 사진에는 오로지 2.6초밖에 머무르지 않았다.

아기가 얼굴을 인식하는 것은 곧 인간의 본능이라는 것을 말해 준다. 하지만 부자가 되고 나면, 마치 이 본능이 없었던 것처럼 행동해 버린다. 돈은 이런 '본능'을 바꾸는 힘이 있고, 부자가 될수록 안하무

인인 사람으로 만든다.

[그림 1-3] 실험에 사용된 사람 같은 그림(좌) 사람 같지 않은 그림(우)

04 '돈'이라는 마약에 중독된 사람들

우리는 타인에게 실망할 때 돈의 품에 안겨 위로를 받기도 한다.

영화 〈위대한 개츠비〉의 주인공 개츠비는 북다코타주에서 태어난 가난한 농부의 아들이다. 그가 군에서 중위를 맡고 있을 때 남쪽에서 온 부잣집 딸 데이지와 사랑에 빠진다. 하지만 전쟁이 끝나고 그가 데이지를 찾았을 땐 이미 그녀는 한 부잣집 자제 톰과 결혼한 후였다. 데이지와의 결혼이라는 꿈이 산산이 부서진 개츠비는 고통을 극복하고 창업에 성공해 백만장자가 되어 돈방석에 앉는다. 그는 신흥 부자들이 모여 사는 웨스트 에그에 호화로운 별장을 지어 매일 밤 사치스러운 파티를 열어 이목을 끈다.

작가는 이 작품에서 '아메리칸 드림' 속 돈을 둘러싼 인간의 욕구를 예리하게 풀어냈다.

도대체 무엇이 사람으로 하여금 돈을 숭배하게 할까? 경제학자들은 그 원인을 돈의 교환 기능에 기초해 설명한다. 돈만 있으면 원하는 모든 물건을 가질 수 있으니 돈이 곧 숭배의 대상이 된다는 것이다. 심리학자들은 이 문제를 다른 시점에서 바라본다. 먼저 모든 사람이 돈을 숭배하는 것도 아닐뿐더러, 집착하는 사람은 일부에 불과하다는 사실에 주목했다.

돈은 마약과 같다

심리학자들은 돈을 일종의 마약에 비유하며 돈을 숭배하는 사람들은 돈이라는 마약이 주는 안정감에 중독된 사람들이라고 정의했다.

이제 막 걸음마를 배우기 시작하는 아기를 떠올려 보자. 아기와 엄마가 방에서 놀고 있는데 갑자기 손님이 방문해 벨을 누른다. 엄마는 현관으로 가 손님과 대화를 나눈다. 엄마가 옆에 없는 그 시간 동안 아기는 짜증과 불안함을 느껴 큰 소리로 울기 시작한다. 엄마는 아기가 세상에 나온 직후 가장 가까운 사람이었다. 아기는 언제나 엄마에게 의지해 왔는데, 지금 이 순간 엄마가 어디에 갔는지, 언제 돌아오는지, 아니 돌아오기는 하는 건지 아무것도 알지 못한다. 이 같은 강렬한 불확실성 때문에 인간은 안정감을 상실하는 것이다.

인간은 안정감을 상실했을 때, 즉 애정 결핍일 때 더욱 돈에 집착한다는 내용의 연구 결과가 있다. 2015년 베이징 사범대학교의 심리학과 장장^{蔣獎} 교수는 13살에서 15살 사이 중학생 149명을 3개 조로 나눠 실험을 진행했다.

첫 번째 조 학생들에게 반 친구들에게 배척당했을 때의 기억을 떠올려 보고 글로 쓰게 했다. 두 번째 조 학생들에게는 반 친구들이 자신을 받아들였을 때의 기분을 떠올리도록 했다. 세 번째 조 학생들에게는 지난 주말에 있었던 일을 아무거나 써 보도록 했다.

그런 다음 모든 학생에게 여러 가지가 적힌 표를 나눠주며 그중에서 자신을 행복하게 만들 수 있다고 느껴지는 것을 고르도록 했다. 이 표에는 그림 그리기나 독서 같은 것들을 비롯해 부모님 혹은 친구와 함께할 수 있는 사회적 관계와 관련된 활동, 그리고 새 옷이나 돈과 같은 물질적인 것들도 들어 있었다.

선택이 끝난 후 학생들에게 이렇게 말했다.

"이제 여러분은 표에서 고른 것 중에 절반을 지워야 합니다. 정말 원하는 것은 남겨 두고 그렇지 못한 것은 지우세요."

실험이 끝나고 결과를 종합해 보니 첫 번째 조의 경우, 다른 조보다 훨씬 많은 학생이 물질과 관련된 것들을 남겨 뒀다.

사람들은 타인에게 잊히거나 고립되었을 때 지푸라기라도 잡는 심정으로 돈과 물질적인 것에 의존하기도 한다. 부족한 것은 돈이 아니라 타인의 관심과 사랑인데도, 어째서 사람들은 희망을 아무 감정 없는 물질에 걸까?

05

슬픔과 기쁨, 분노의 태그가 달린 돈

사람은 감정을 느끼는 동물이다. 그런데 무생물인 돈에도 감정이 깃들어 있다.

2016년 곽언의 부모는 병에 걸린 빈곤 가정 아동들의 악성 종양을 치료할 수 있도록 곽언의 이름으로 4억 원이 넘는 돈을 기부했다. 곽언은 여섯 살 때 안암眼癌에 걸려 세상을 떠났는데 이 돈은 곽언이 미국에서 치료할 수 있도록 중국 각지에서 십시일반 모은 것이었다. 하지만 안타깝게도 병마는 곽언이 미국에 가 보기도 전에 생명을 앗아갔다. "이 돈만 보면 사랑스러운 내 딸이 떠올라 가슴이 찢어질 듯 아픕니다."라고 말하며 힘들어하던 부모는 이 돈을 기부하기로 했다.

기부를 하고 나자 곽언에 대한 미련과 아픔에서 벗어나는 듯한 기분을 느꼈다고 한다. 실제로 많은 사람이 가족의 사망 이후 받은 유산이나 보험금 등을 사용하지 않고 전액 기부하는 사례가 적지 않다.

이렇듯 가슴 아파 생긴 돈은 열심히 노력해서 받은 장학금 같은 돈과는 그 성격이 매우 다르다.

감정적 회계

1985년 미국의 밴더빌트대학의 스미스Smith 교수는 기쁨, 슬픔, 분노, 원망과 같은 인간이 돈으로 인해 겪을 수 있는 감정을 분류했다. 스탠퍼드대학교 경제학과 교수 르바브Levav는 2009년 '감정적 회계 Emotional Accounting'라는 개념을 발표했다.

사람들은 돈에 긍정적인 것, 부정적인 것 등 서로 다른 감정이라는 일종의 해시태그를 건다. 긍정적 태그가 달린 돈은 소비를 통해 즐거움을 얻고, 부정적 태그가 달린 돈은 가급적 남을 돕는 등 보다 실용적인 일에 쓴다.

앞서 소개한 사례의 곽언의 부모는 돈에 '슬픔'이라는 태그를 걸었다. 충분히 비싼 가방과 차, 신발, 시계 등 사치스러운 소비를 할 수 있었음에도 그렇지 못했던 것은 바로 이런 연유에서다. 하지만 장학금과 같이 노력의 결실로 얻은 대가는 다르다. 그 돈에는 긍정적 태그가 붙고 그 돈을 사용함으로써 스스로를 자축하고 격려한다.

르바브 교수는 대학생 648명을 모아 실험을 진행했다. 다음은 그 실험에서 제시된 두 가지 가정이다.

가정1. 삼촌이 졸업 축하선물로 200달러를 보내주었다.

가정2. 삼촌에게 졸업 축하선물로 200달러를 받았는데, 어머니로부터 삼촌이 아주 심한 병에 걸려 치료가 시급하다는 소식을 들었다.

질문: 당신은 이 200달러를 어떻게 사용할 것인가?

실험 결과 삼촌이 건강하다는 가정에서는 36퍼센트 참가자가 유흥에 사용하지 않겠다고 했다. 하지만 삼촌이 아프다는 가정에서는 유흥에 사용하지 않겠다는 비율이 66퍼센트로 증가했다.

그렇다면 아픈 삼촌이 준 200달러를 유흥에 사용하겠다고 답한 참가자들은 그중 얼마를 지출한다고 했을까? 먼저 긍정적 태그를 달았던 참가자들은 약 115.51달러를 사용하겠다고 답했다. 반대로 부정적 태그를 달았던 참가자들은 65.12달러만 사용하겠다고 답했다. 이렇듯 사람들은 아픈 사람이 준 돈을 아무렇지 않게 사용하지 못했다.

'미안함'이라는 태그가 붙는 돈이 생겼을 때는 어떻게 사용하면 마음이 편안할까?

부정적 태그가 달린 돈은 세탁하라

해답은 돈을 세탁하는 것이다. 여기서 돈세탁은 소위 말하는 나쁜 의미가 아닌 '세탁', 즉 씻어 내는 것에 중점을 둔다. **도덕적으로 옳**

은 일이나 좋은 세상을 만드는 데 보탬이 되는 곳에 돈을 사용하는 **것으로 그 돈에 깃든 슬픔, 자괴감, 초조함 같은 부정적 감정을 씻어 내는 것이다.** 예를 들면 기부를 하거나 형편이 어려운 학생의 학비를 댈 수 있다.

또 다른 실험으로 르바브 교수는 설문 조사에 참여하면 2달러를 주는 실험을 했다. 실험 대상을 두 조로 나누어 한 조에는 나눠 준 돈의 출처가 한 컴퓨터회사의 후원금이라고 했고, 다른 한 조에는 담배회사의 후원금이라고 했다. 다음엔 학생들에게 이 2달러를 공책이나 펜 같은 실용적인 상품을 사는 데 쓸 것인지 혹은 아이스크림이나 과자 같은 순간의 행복을 느끼게 하는 상품을 사는 데 쓸 것인지 선택하게 했다. 이에 컴퓨터회사의 후원금을 받은 줄 아는 참가자들 대부분은 아이스크림이나 과자를 사겠다고 했고, 겨우 22퍼센트 참가자만이 공책을 사겠다고 답했다. 하지만 담배회사의 후원금을 받은 줄 아는 참가자 중에선 무려 44퍼센트가 펜과 공책을 사겠다고 했다.

재밌는 점은 사람들은 부정적 인식이 깃든 돈을 얻었을 때 그 돈을 어디에 쓰겠냐고 물어보면 사회에 좀 더 도움이 되는 교육과 관련된 문구류를 사겠다고 답했다는 것이다.

바로 이것이 돈을 세탁하는 행위다. 실제 생활에서 우리는 수도 없이 돈에 부정적, 긍정적 태그를 붙여서 분류하곤 한다. 긍정적 태그가 달린 돈은 기꺼이 즐거움을 누리기 위한 목석으로 소비된다.

1949년 11월에 미국 정부는 제2차 세계대전 승리의 영광을 가져다준 퇴역군인들에게 보험금을 지급한다고 발표했다. 해당 장병들은 제2차 세계대전 당시 군사보험에 가입한 것으로 알려졌다. 당시 수많은 장병이 사망했으므로 보험금 또한 막대하리라 예측됐다. 정부는 실제로 약 28억 달러의 보험금과 그들 덕에 벌어들인 수익 일부를 당사자들에게 돌려줬다.

이 돈에는 '뿌듯함'이라는 태그가 달렸다. 돈을 받은 사람들은 모두 힘들고 어려운 상황을 이겨내고 살아남은 주인공들이었기 때문이다. 그렇다면 이 돈이 사용되는 속도는 과연 빨랐을까 아니면 느렸을까? 펜실베이니아대학교의 보드킨^Bodkin 교수는 뜻하지 않게 큰돈을 받은 퇴역군인 1,414명의 가정을 조사했고 그들은 모두 평상시 일해서 번 돈을 사용하는 속도보다 훨씬 빠르게 이 돈을 사용했다는 것을 알았다.

반면 부정적 태그가 달린 돈은 이처럼 쉽게 쓰지 못한다. 제2차 세계대전이 끝난 후 독일은 이스라엘에 배상금을 물었고, 이는 전쟁에서 간신히 살아남은 사람들에게 지급되었다. 이스라엘 주민의 약 4퍼센트가 독일로부터 평균 2,000세켈(이스라엘의 화폐 단위)을 받았다. 당시 이스라엘 한 가정당 평균 수입이 약 3,400세켈이었던 것을 감안했을 때, 그들이 받은 배상금은 적지 않은 액수였다. 하지만 조사 결과, 대부분은 그 돈을 전부 사용하지 못했고 어떤 경우엔 아예 손조차 대지 못했다.

돈은 무생물이므로 당연히 울거나 웃는 등 인간과 같은 감정 표현을 할 수 없다. 하지만 감정을 담는 그릇은 될 수 있다. 그 그릇에 담긴 감정이 소비 방식을 결정하는 중요한 역할을 한다. 하지만 '슬픔'의 태그가 붙은 돈을 가지고 있다고 해서 반드시 우울해할 필요는 없다. 장미꽃을 선물한 사람의 손에는 향기로운 꽃 내음이 남는다. 슬픔이 담긴 돈을 꺼내 슬픔을 겪는 다른 사람의 감정을 치유하는 데 사용해 보자. 그 돈은 이내 기쁨의 돈으로 탈바꿈할 것이다.

06

나와 돈 사이의
심리적 거리

　무언가 선택을 해야 할 경우, 잘 모르는 타인을 위한 일이라면 좀 더 모험적이 된다고 한다. 그 이면에는 돈과의 심리적 거리가 있다는 것이다.

　2가지 치료법이 있는 병이 있다고 상상해 보자. 첫 번째 치료법은 비교적 보수적인 방법으로, 위험을 감수할 필요가 없다. 하지만 완치가 될 가능성은 크지 않다. 두 번째 치료법은 큰 후유증이 생기는 등 모험을 감수해야 하지만 완치될 가능성은 매우 높다. 여기서 질문이다.

・만약 당신의 가족이 이 병을 앓고 있다면 당신은 어떤 치료법을 선택할 것인가?

• 만약 일면식이 없는 타인이 이 병을 앓고 있다면 당신은 어떤 치료법을 권할 것인가?

내 돈은 보수적으로 남의 돈은 대담하게

타인을 위한 결정을 내릴 때 우리는 더 과감해진다

1997년 시카고대학교 시Hsee 교수와 오하이오주립대학교의 웨버 Weber 교수는 이 문제에 관해 공동으로 연구를 진행했다. 그 결과 의사들은 환자들에게 비교적 모험적인 방안을 제시했지만 자신이나 가족의 문제일 경우에는 보수적인 방안을 따랐다.

이 같은 현상은 '다른 사람들은 나보다 더 모험적이겠지'라는 일반적인 편견에 따른 것이다. 따라서 자신의 치료법은 비교적 보수적인 것을 선택하고, 타인을 위한 선택은 그 사람이 모험을 더 좋아하는 것으로 판단해 선택이 완전히 달라진다는 것이다. 이런 현상을 '기본 예측오류Fundamental Prediction Error'라고 부른다.

지난주에 산 복권이 당첨되었다는 연락을 받았는데 그 금액이 15만 원이라면 당신은 이 돈을 즉시 찾으러 갈 것인가? 아니면 이 돈을 바로 다른 도박성 게임에 사용할 것인가? 시카고대학교 연구진은 이와 같은 질문을 통해 모험지수를 측정했다. 최저 0점부터 최고 5점으로 구성된 이 지수는 높을수록 모험을 즐기는 것을 나타낸다.

이 실험에서 사람들은 자신의 경우 모험지수가 약 3점 정도라고 답했지만, 다른 사람은 이보다 높은 4점 정도일 것으로 예측했다.

　이런 인식은 남을 위한 결정을 할 때도 똑같이 작용한다. 우리는 중요한 결정을 내릴 때 타인의 도움이 필요할 때가 있다. 아픈 사람은 의사의 도움을 받고, 투자하는 사람은 투자 전문가의 도움을 받고, 정부 관료가 정책을 짤 때는 정책 전문가의 도움을 받는다.

　이렇게 내려지는 결정에는 표준 답안이 따로 정해져 있지 않다. 그래서 타인이 결정 내리는 것을 도와줄 때 우리는 그 사람이 만족하고 좋아할 답을 주고자 한다. 이때 다른 사람들은 모험을 더 좋아할 것이라는 잠재적 인식이 결합해 최종 결정이 내려지는 것이다. 하지만 여기서 문제는 이 같은 메커니즘이 자신에게는 반대로 적용된다는 것이다.

　2012년 뉴욕대학교 폴맨Polman 교수는 한 연구 결과를 발표했다. 이 실험에서 대학생 84명은 각자 20개의 칩을 받은 후 한 도박 게임에 참여했다. 이 게임에서 이길 경우에는 자신이 건 칩 개수의 두 배만큼을 가질 수 있다. 만약 7개의 칩을 건다면 14개를 가져올 수 있다. 반대로 지면 10개의 칩을 뺏기는 규칙이 있었다. 참고로 칩을 아예 걸지 않은 경우에는 10개의 칩을 빼앗긴다.

　첫 번째 조 학생들은 모두 자신이 쓸 20개의 칩을 받았다. 하지만 두 번째 조 학생들은 자기 다음에 게임에 참가할 학생을 위해 칩을 받고 그 학생이 게임에서 받는 금액과 동일한 금액을 받을 수 있다.

따라서 두 조의 학생들 모두 자신을 위한 게임이든 남을 위한 게임이든 모두 게임에 열심히 참여할 동기가 있었다. 최종적으로 얻게 되는 이익은 자신을 위한 것이기 때문에 통념상 두 조의 학생들이 경기에서 내리는 결정에는 큰 차이가 없어야 했다.

하지만 이러한 설정에도 불구하고 학생들은 타인을 위한 결정을 내릴 때 더 모험적인 방향을 추구했다. 아무것도 걸지 않는 선택을 한 학생들의 비율은 매우 낮았다. 그리고 칩을 거는 개수도 평균 5.52개로 더 많았다. 하지만 자신이 직접 게임에 참여할 경우에는 평균 3.27개의 칩만을 걸었다.

내 돈이 아닌 것처럼, 없는 돈처럼 투자할 수 있는 근본적인 심리 상태를 '하우스 머니 효과House Money Effect'라고 한다. **도박에서 얻은 돈을 자신의 것이라고 생각하지 않고, 되려 남의 돈을 얻은 것이라고 느껴 그 돈을 다시 도박에 사용하는 것이다.** 따라서 이후의 게임에서는 미친 듯 전보다 더 많은 돈을 거리낌 없이 건다.

2014년 메릴랜드 로욜라대학교의 트럼프Trump 연구진은 이와 동일한 효과를 발견했다. 사람들은 다른 사람의 돈으로 결정을 내릴 때는 더욱 모험적이 되지만, 자신의 돈으로 결정을 내릴 때는 더 보수적인 모습을 보인다는 것이다. 다음의 두 실험을 통해 자세히 알아보자.

첫 번째 실험은 복권에 대한 실험이었다. 연구진은 199명의 참가자를 모집했다. 참가자들은 자신이 가질 복권과 친구에게 줄 복권을 선택할 수 있다. 하나는 당첨 확률이 5퍼센트에 그치지만 당첨 금액은 아주 큰 복권이다. 그리고 다른 하나는 당첨 확률이 무려 50퍼센트나 되지만 당첨 금액은 적은 복권이다.

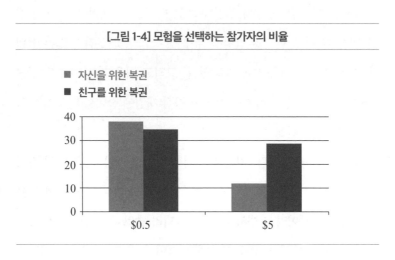

[그림 1-4] 모험을 선택하는 참가자의 비율

■ 자신을 위한 복권
■ 친구를 위한 복권

그 결과, 복권 가격이 낮을 때는(0.5달러) 복권을 가질 사람이 자신이든 친구든 모두 모험을 감수하는 복권 종류를 선택했다. 하지만 복권 가격이 좀 더 높은 경우(5달러)에는 자신보다는 친구가 갖는 복권을 사는 참가자가 더 모험을 감수하는 경향이 나타났다.

현실적인 조언을 듣고 싶다면 그 사람과 친해져라

왜 우리는 다른 사람을 위한 결정을 내릴 때 더 모험적이게 될까? 바로 돈과 심리적 거리가 멀기 때문이다. 자기를 위한 결정을 내릴 때 돈과의 심리적 거리는 가까워지며 손실 위험이 더욱 구체적이고 명확하게 느껴져 고통을 느낀다. 하지만 돈과의 거리가 멀어지면 손실 위험은 추상적이고 하나의 숫자에 불과한 것으로 느껴져 걱정할 여유가 사라진다. **이것은 결코 사람의 본성이 냉혹해서 남의 위험을 방관하는 것이 아니다. 바로 남은 나와 같은 두려움을 느낄 거라고 생각하지 않기 때문이다.**

돈과의 거리가 멀어지면 사람들은 어떤 것을 얻을 수 있을지에 더 집중한다. 하지만 거리가 가까워지면 혹시라도 잃을 수 있는 것에 더 집중한다. 만약 내년에 갈 여행 계획을 짠다면 아름다운 풍경을, 그리고 어떤 경험을 할지 등 긍정적인 면을 상상할 것이다. 하지만 그 여행을 당장 내일 간다면 항공권을 구하지 못하는 건 아닌지, 호텔이 생각보다 별로는 아닌지 등 부정적인 면을 먼저 떠올린다.

이 같은 이유로 인해 결정자와 당사자의 관계가 가까울수록 심리적 거리 또한 가까워지기 때문에 더욱 보수적인 결론이 나오게 된다.

연구진은 참가자들에게, 친한 친구와 타인에게 줄 복권을 하나씩 고르게 했다. 물론 복권은 위험도가 높은 복권과 낮은 복권으로 구성되어 있다. 그 결과, 이 실험에서 고작 9퍼센트 참가자만이 친구를 위해 위험도가 높은 복권을 구매했다. 반면 그 세 배인 27퍼센트나 되는 참가자가 타인을 위해서 위험도가 높은 복권을 구매했다.

남이 모험을 얼마나 감수할지에 대한 예측은 사람마다 다르다. 이런 생각의 차이가 타인이 자신을 위한 결정을 내리는 데 영향을 미치게 된다. 투자 전문가는 더욱 위험성 있는 종목을 제시할 수 있고, 의사는 더욱 과격한 수술을 권할 수 있으며, 의류 매장 직원은 평범하지 않은 디자인의 옷을 추천할 수 있다. 그리고 그러한 결정은 언제나 큰 손실의 가능성을 안고 있다.

　그렇다면 어떻게 다른 사람의 도움을 받으면서 이런 위험도를 낮출 수 있을까? 그 사람과 친해지면 된다. 가까운 관계일수록 모험으로 인한 위험이 가져오는 공포와 걱정을 대신 느껴 더 도움이 되는 현실적인 조언을 해 줄 것이다.

07

나는 왜 늘
SNS 속 최하층민일까

SNS 스토리에 올라오는 사진들을 보다 보면 어느샌가 상대적 박탈감이 들 때가 있었을 것이다. 스토리 속 부자들은 내가 감히 사지도 못할 옷을 사고, 얼씬도 못 할 값비싼 레스토랑에서 음식을 먹는다.

지금 사는 동네에서 나보다 돈이 더 적은 사람은 과연 몇이나 될까 상상해 보자. 혹, 한 명도 없다고 생각하는가? 그렇게 생각하지 않더라도 대부분의 사람은 가진 돈이 적다고 느낀다.

영국 에섹스대학교의 윌리엄 매튜스William J. Matthews 교수는 2016년 연구를 통해 이와 관련된 현상을 발견했나. 실험에 참여한 18~67세 사이의 190명에게 실험 참가자 중 자신의 재산이 몇 위일지 예상하게 했다.

　대부분은 자신의 재산이 하위권일 거라고 답했다. 자신보다 부유한 사람들은 약 59.1퍼센트일 것이며, 자신보다 재산이 더 적은 사람들은 약 37.1퍼센트 정도밖에 되지 않으리라 생각했다. 이 실험에 참여한 사람들의 연령대는 다양했으며 직업과 인생의 경험 또한 각양각색이었다. 그럼에도 대부분의 사람이 자신의 재산이 남들보다 적을 거라고 생각했다.

나는 정말 SNS 스토리에서 가난한 사람일까?

　사람들은 왜 남들이 자신보다 돈이 더 많을 거라고 착각할까? 그 주요 원인은 SNS나 TV 같은 매체의 영향 때문이다. SNS에 라면으로 끼니를 때우고 궁핍한 생활상을 구태여 올리는 사람은 드물다. 하지만 새로 뽑은 차와 명품 지갑 같은 것은 자랑하고 싶어 한다. 인터넷이 발달한 요즘 시대에 매체들은 가장 자극적인 기사로 사람들의 클릭을 유도한다. 이런 이야기들에 장기간 노출되다 보면 사람들은 어느새 이 세상에 부자들이 많다고 느낀다. 이 세상에 가난한 사람은 나 하나뿐인 것 같은 착각을 하게 하는 것이다.

　나보다 돈이 많은 친구를 떠올려 보자. 아마 나보다 돈이 적은 친구를 떠올리는 것보다 훨씬 쉬울 것이다. 이렇게 돈이 많은 사람에 대한 기억을 빨리 꺼낼 수 있는 것은 내 주변에 부자들이 많다고 스스로 착각하기 때문이다.

우리가 남들보다 가진 게 적다고 느끼는 주요 원인은 부자들에 관한 소식이 범람하는 이유도 있지만 '사회적 비교'에도 있다. 일반적으로 사물에 대한 인식은 상대적인 것에서 비롯된다. 사물과 사물을 비교하여 그것만의 특징을 찾아내는 과정을 거쳐 그 사물에 대한 인식이 만들어진다. 오늘이 어제보다 더 춥다든가 비행기가 기차보다 빠르다든가 하는 것이 바로 상대성에 기반한 인식의 과정이다. 따라서 비교에 익숙한 사람들은 스스로에 대한 인식조차 남과 비교하여 확립한다.

월수입이 300만 원인 사람은 과연 성공한 사람일까? 아니면 실패한 사람일까? 자신이 여기에 대답하는 과정을 돌아보자. 혹시 잘사는 사람들과 비교하진 않았는가?

미시간주 호프 컬리지의 유명 사회심리학자 데이비드 마이어스 David Myers는 올림픽 선수들에 관한 연구 도중 동메달을 획득한 선수가 은메달을 획득한 선수보다 더 행복해한다는 사실을 발견했다. 순위가 더 낮았음에도 불구하고 이들이 더 행복해하는 이유는 무엇이었을까? 바로 비교 대상이 달랐기 때문이다. 은메달 선수는 금메달 선수와 자신을 비교하며 아주 간발의 차로 금메달을 놓친 것에 속상해한다. 하지만 동메달을 받은 선수는 메달을 받지 않은 선수와 자신을 비교하며 메달이라도 받은 것에 안도한다는 것이다.

사람들은 사회적인 비교를 통해 자신의 가치를 정한다. 미국의 유명 기자 헨리 멘켄H. L. Mencken은 이렇게 희화했다.

"인생의 승자는 아내 친구의 남편보다 100달러를 더 버는 사람이다."

우리는 다른 사람과 자신의 수입을 비교할 때 주로 더 많이 버는 사람을 비교 대상으로 둔다. 그 사람의 수입이 내 수입 뒷자리에 0을 몇 개 더 붙인 것과 같다든지 심지어는 몇 배는 더 많은데도 언제나 더 많이 버는 사람을 비교 대상으로 삼는다. 하지만 나보다 가난한 사람과는 잘 비교하지 않는다. 지금 당장 지갑에 있는 돈이 가난한 나라 사람들의 일주일 치 식량값에 버금가더라도, 휘황찬란한 집에서 돈을 펑펑 쓰는 부자들을 떠올리면 한숨부터 내쉬는 것이 우리네 현실이다.

1993년 미국 증권거래위원회(이하 SEC)는 1978년부터 상장한 회사 CEO의 연봉을 조사했다. CEO 연봉은 아주 빠른 속도로 상승하여 1978년 평사원의 36배에서 1993년에는 무려 131배까지 치솟아 심각한 빈부격차를 유발했다. CEO의 연봉 인상을 막기 위해 SEC는 상장을 원하는 회사들의 재무보고서에 CEO 연봉을 명시하게 했다. 연봉이 적나라하게 드러나면 대중의 눈치가 보여 쉽게 연봉을 올리지 못하리라 생각한 것이다.

하지만 현실은 상상 그 이상이었다. SEC의 관련 조치 발표 직후

CEO의 연봉은 더욱더 빠른 속도로 치솟았고 발표 전보다 평사원 연봉의 무려 369배가 되었다. 어떻게 이런 일이 일어났을까? 앞서 말했듯, 사람들은 남과 비교하는 것을 좋아한다. CEO들도 다 똑같은 마음인지라 더 높은 연봉을 받는 다른 CEO와 자신의 연봉을 비교하였고, 이는 연봉 인상으로 이어졌다.

이것이 바로 '비교'가 갖는 힘이다. 평사원의 100배가 넘는 연봉을 받는 CEO라 할지라도 남보다 더 낮은 연봉을 받는 것을 용납하지 못한다.

이와 같은 사례는 충분히 차고 넘친다. 페이팔(미국 온라인 결제 서비스 회사)의 전 부사장 리드 호프만Reid Hoffman이 새로이 회사를 창업했다. 2002년에 eBay(온라인 오픈마켓)가 15억 달러에 페이팔을 인수하면서 이미 돈방석에 오른 그였다. 하지만 그는 《뉴욕타임스》에 자신은 아직 가난하다며 이렇게 말했다.

"주위에 나보다 더 뛰어난 사람들이 있고 그들이 하루아침에 엄청난 부자가 되어 나를 제칠 때 가만히 앉아 있을 수 있는 사람은 드뭅니다."

부자든 빈자든, 시장을 마음대로 주무르는 거물이든, 회사에서 성실히 일하는 평사원이든 언제나 자신보다 뛰어난 사람은 있게 마련이다. 그리고 우리의 시선은 어느새 그들에게로 돌아가 있다. 우리는 같이 일하는 동료가 여행지에서 찍은 사진을 보며 부러워하지만, 지난 휴일에 내가 피드에 올렸던 수많은 여행지 사진들은 금세 기억에서 사라지고 없다.

인터넷이 발달한 요즘 더 불행하다고 느끼는 사람이 많다

서로 '비교'하기 바쁜 사회는 우리를 '가난하다'고 느끼게 만든다. 그리곤 얼마 있지 않은 행복감마저 앗아간다.

2010년 프랑스 파리경제학교의 클라크Clark 교수와 세닉Senik 교수는 '유럽사회조사European Social Survey, ESS3'에서 얻은 데이터를 깊게 연구했다. 2006년~2007년 18개 유럽 국가의 16~65세 사이 1만 9천 명의 고정수입이 있는 주민을 대상으로 조사한 데이터였다.

설문은 생활과 일에 대한 만족도, '수입 비교Income Comparison' 시의 태도 그리고 이에 관한 생각을 조사하는 내용이었다. 설문 내용을 정리해 보니 돈 많은 사람과 자신을 비교하는 경향이 짙었던 사람들은 일상에서 행복감을 덜 느낀다는 것이 사실로 드러났다.

이 같은 현상을 두고 미국 전 대통령 루스벨트는 **"비교는 곧 도둑과 같다. 비교는 늘 우리에게서 행복을 훔쳐 간다."**라고 말했다. 인터넷이 발달한 현대에 들어서 더 불행하다고 느끼는 사람들이 많아졌다고 생각해 본 적이 있을 것이다. 다음은 《뉴욕타임스》에 실린 보도 내용이다.

"30년 전 작은 마을의 제일가는 부자는 마치 자신이 황제라도 된 양 그 누구보다도 쾌적하고 풍족한 삶을 살고 있다고 생각했다. 하지만 요즘 같은 정보의 홍수 시대에는 자수성가로 엄청난 부를 획득한 사람들을 보며 그의 재산에 비하면 자신은 가난한 편이라며 가진 것을 깎아내린다. 과거엔 같은 반 친구들과 성적을 비교하고 이웃과 재력을 비교했다면, 요즘엔 세계에서 이름난 천재들과 자신의 능력을 비교하고 수없이 많은 성공한 이들과 자신의 재산을 비교한다. 이러한 끊임없는 비교는 자연스레 행복을 앗아간다."

이런 착각은 일상에서 내리는 결정에도 영향을 미친다. **예를 들어 인터넷 쇼핑몰을 창업하고 상품가격을 매길 때, 주변 사람들이 모두 돈 있는 사람이라고 생각하면, 상품에 매기는 가격도 자연히 높아진다.** 믿기 어렵다면 유명인이 자신의 이름을 걸고 연 가게들의 상품가격을 살펴보자. 경매나 하다못해 중고 상품을 올릴 때도 마찬가지다. 경쟁자들보다 더 많은 돈을 벌기 위해 최초 가격을 높게 부를 것이다.

자신이 SNS 지인들보다 못산다고 생각한다면 그것은 어쩌면 착각에 불과할지 모른다는 사실을 기억하자.

08

돈 자랑만 즐기는
영원한 솔로

마땅히 자랑해야 할 것은 무엇일까? 마땅히 자랑하는 것을 지양해야 하는 것은 무엇일까?

내가 돈에 관한 연구를 시작한 이래 많은 사람이 공통으로 하는 질문이 있다.

"왜 돈을 연구하십니까? 혹시 돈을 좋아해서인가요?"

이런 질문을 들을 때면 기분이 썩 좋지 않다. 돈을 좋아한다고 하는 것이 꼭 나를 욕하는 것처럼 들리기 때문이다. 일상에서 누군가가 돈을 사랑한다고 말하는 것은 곧 그의 도덕성을 비판하는 것과 같은 의미로 쓰이곤 한다.

우리는 돈을 좇으면서도 겉으로는 아닌 척 연기한다. 조금이라도 더 벌기 위해 야근 수당을 챙기고 돈에 몸과 정신, 심하면 생명을 걸기도 한다. 하지만 다른 한편으로는 이렇게 힘들게 번 돈을 대놓고 자랑하지 않는다. 왜 사람들은 돈에 대한 진심을 숨길까? 심리학자들은 이렇게 말한다. 돈에 집착하는 사람으로 보이면 무시당하기 쉽기 때문이라고.

실제 관련 연구 결과 돈과 물질에 연연하는 사람일수록 더 이기적이고 자기중심적으로 생각한다고 알려져 있다.

왜 물질을 좋아하면 부정적으로 평가할까?

2009년 미국 콜로라도대학교 반 보벤과 캠벨 그리고 코넬대학교의 길로비치는 이와 같은 주제에 관해 연구를 진행했다.

실험에 참여한 사람 중 절반에게는 물건(예를 들면 옷이나 가방, 차 등) 구매하는 것을 좋아하는 지인을 떠올리게 하고, 나머지 절반에게는 경험 상품(예를 들면 패키지 여행, 영화, 놀이공원 등) 구매하기를 좋아하는 지인을 떠올리도록 했다. 그런 다음 각자 떠올린 지인들의 성격에 대해 말해 보라고 했다. 그 결과, 물건 사는 것을 좋아하는 지인들이 좀 더 이기적이고 별로 친하지도 않다는 평가를 내놓았다.

이 연구를 통해 **사람들은 '경험'을 좋아하는 이들을 유머러스하고 매사에 적극적이며 지혜롭다고 평가하는 것으로 나타났다. 반면 '물질'을 좋아하는 사람의 경우 유행을 좇고, 자기중심적이며, 늘 불안해하는 것 같다**는 것이다.

사람들은 왜 물질을 좋아하는 사람에 대해 부정적으로 평가할까?

SNS 피드는 이미 자기 자랑의 각축장이 되었다. 오늘 올린 가방, 내일 올릴 시계, 모레 올릴 자동차는 팔로워들의 눈을 부시게 할 것이다. 이런 사람들에 대한 첫인상은 '재력에 취한 사람'으로 끊임없는 비교를 할 수밖에 없는 삶을 사는 것으로 보일 것이다.

1975년 교육심리학자 데시Deci는 행위의 동기는 내부적 요인과 외부적 요인으로 나뉜다고 말했다. 소비행위의 동기 또한 외부 동기에 어느 정도 기반하여 이루어진다. 예를 들어 타인에게서 칭찬을 받거나 매력을 어필하고, 사회적 지위를 높이는 것에 있다는 것이다. 친구가 비싼 가방을 산 것과 여행하러 간 것은 외부적 동기에 의한 것일까? 아니면 내부적 동기에 의한 것일까? 물질적일수록 외부적 동기에 의한 것일 가능성이 크다는 연구 결과가 있으니 참고해 보자.

다음은 완보어원万博文 등이 진행한 연구 사례다.

일면식이 없는 두 사람이 한 조가 되어 총 24개 조가 만들어졌다. 그중 12개 조에는 물질 소비에 관련된 주제로 대화하도록 했고, 나머지 12개 조에는 경험 소비에 관련된 주제로 대화하게 했다. 예를 들어 유명한 신상품을 어디에서 구매할 수 있는지에 관한 이야기나 어디로 여행을 가면 신선한 경험을 해 볼 수 있는지에 관한 이야기들이었다. 대화는 20여 분간 진행되었다.

계속해서 모든 사람에게 방금 자신과 대화를 나눈 상대에 대해 점수를 매기게 했다. 그 결과, 경험적 소비에 관한 이야기를 나눈 사람들은 상대에 대한 인상을 약 6.52점(7점 만점)으로 좋게 평가했다. 하지만 물질적 소비에 관한 이야기를 나눈 사람들은 5.42점으로 더 낮게 평가했다. 이뿐만이 아니라, 사람들은 경험적 소비에 관한 대화를 나눌 때 더 즐거워했으며(이때 즐거움의 정도는 약 6.52점이었다) 물질적 소비에 관한 대화를 나눌 때는 즐거움이 감소했다(약 5.69점).

앞선 연구들을 살펴봤으니 이제 데이트할 때 어떤 내용의 대화를 나눠야 할지 알게 되었을 것이다. 여행이나 영화, 읽었던 책에 관한 이야기는 당신의 매력을 높일 것이다. 하지만 차나 옷과 같은 것들에 관한 이야기는 점수를 깎아 먹기 딱 좋다. 노골적인 돈 자랑을 즐긴다면 영원히 솔로가 될지도 모른다. 말하다 보니 내가 돈에 관한 연구를 시작한 이래로 왜 친구가 줄어들었는지 그 이유를 알 것 같다.

돈 때문에 상처받지 않는 법

돈에 관한 이야기를 하면서 좋은 관계를 유지하기란 쉽지 않다. 돈과 애정은 언뜻 보면 물과 기름처럼 섞일 수 없어 보인다. 그렇다면 어떻게 해야 감정 상하지 않고 돈 문제를 이야기할 수 있을까?

결혼 생활에서 하지 말아야 할 한 가지는 바로 시도 때도 없이 이혼을 말하는 것이다. 싸웠다 하면 이혼하자고 하는 사람들이 있다. 이는 자신과 상대 모두에게 상처를 준다. 하지만 이런 감정 문제는 시간이 지나면 해결될 수 있다. 이보다 더 큰 문제는 재산을 분리하는 것이다. 두 사람이 마주 앉아 내 것과 네 것을 따지는 말이 오가고 난 후엔 다시 사이가 좋아지더라도 감정에 큰 상처를 남길 수 있다.

"친한 사람과 돈 문제로 엮이면 안 된다."라는 말을 들어 본 적 있을 것이다. 친구가 이사하는 것을 도와줬다고 해 보자. 감사의 표시로 밥 한 끼 사 주거나 선물세트를 주는 것은 괜찮지만 지갑에서 현금 몇 장을 꺼내 건넨다면 친구의 기분을 상하게 할 수 있다. 심지어 화를 낼 수도 있다. 돈에 관련된 이야기를 할 때마다 그 사람과의 관계에 변화가 일어날 수 있다는 실제 심리학 연구 결과도 있다.

어떤 사람은 사귀기 전에 반드시 상대의 금전적 여건을 고려하고 만나야 한다고 주장한다. 중국에는 '맞선광장'이라는 것이 있다. 공원에서 자녀의 신상이 적힌 종이를 붙여 놓고 결혼 적령기 자녀의 배우자를 찾는 부모들이 이를 통해 만남을 성사시킨다. 이때 빠지지 않는 것이 바로 '재산'이다. 하지만 앞서 말한 돈과 심리의 관계를 생각해 보면 처음 만나는 관계에서는 되도록 돈 얘기는 하지 않는 것이 좋다.

돈의 심리학, 일방통행론

다음은 미국 콜로라도대학교 볼더캠퍼스의 반 보벤Van Boven과 캠벨Campbell 그리고 코넬대학교 길로비치Gilovich가 2009년에 연구한 결과다.

연구진들은 서로 일면식도 없는 사람들을 모아 놓고 20분 동안 대화하게 했다. 다만 그중 절반에게는 돈과 물질적인 것에 관한 이야기를 하게 했고, 나머지 절반에게는 인생 경험에 관한 이야기를 하게 했다. 대화가 끝난 후에 상대방의 인상과 대화가 얼마나 즐거웠는지에 대한 평점을 매기게 했다. 그 결과, 인생 경험을 이야기한 쪽이 7

점 만점 중 6.52점을 받으며 전체적으로 좋은 인상을 남긴 데 반해, 돈과 물질에 관해 이야기를 한 쪽은 5.42점으로 상대적으로 낮은 점수를 받았다. 또한 대화가 얼마나 즐거웠는지에 대한 평가에서도 전자는 6.52점, 후자는 5.69점을 받으며 큰 차이를 보였다.

맞선을 볼 때 자리에 앉자마자 첫 마디가 수입이 얼마인지를 묻는다면 애프터 신청은 기대할 수 없을 것이다. 정 궁금하다면 상대가 타고 온 차나 주거 지역 같은 정보로 대략 추측해 보면 된다. 상대의 재산이 결혼을 결정하는 데 큰 역할을 하지 않는다면 대놓고 얼마를 버는지 물어보는 것은 금물이다.

돈은 연인 관계나 부부 관계뿐만 아니라 때로는 우정을 망치기도 한다. 2013년 개봉한 유명 영화 〈아메리칸 드림 인 차이나〉(중국 유명 영어 교육학원인 신동방 그룹의 창업자 3명의 이야기를 다룬 영화)에서 바로 그 교훈을 얻을 수 있다. 주인공 3명은 대학생 시절 아주 좋은 관계를 유지했다. 하지만 동업을 시작한 후에는 하마터면 평생 못 볼 사이가 될 뻔했다. 무슨 이유였을까?

돈의 심리학에는 '일방통행 이론'이라는 것이 있다. 우리는 살아가면서 많은 관계를 형성한다. 관계는 크게 2가지로 나뉘는데 하나는 감정적 관계이고 다른 하나는 경제적 관계다. 친구나 연인과는 감정에 기반한 관계가 성립되는 반면, 회사 상사나 동료 혹은 동업자는 금전을 기반으로 관계가 성립된다. **일방통행이론이란, 감정적 관**

계가 경제적 관계로 바뀔 수는 있지만 그 반대는 매우 어렵다는 것을 뜻한다. 친구와 함께 사업을 시작하거나 친구를 자신의 회사 직원으로 고용할 때 감정적 관계는 경제적인 관계로 바뀐다. 이럴 경우 실제 생활에서 사업이 성공하든 실패하든 관계가 틀어지는 사례는 매우 흔하게 볼 수 있다. 하지만 다시 되돌리기엔 이미 늦었다. 그들이 걸어간 길은 돌아갈 수 없는 일방통행이기 때문이다.

"가난한 부부는 모든 일이 문제로다"

어떤 사람들은 얘기한다. 부부간에 감정을 상하게 하는 것은 돈 얘기가 아니라 돈이 없기 때문이라고. 중국 고시古詩 중에 이런 구절이 있다. "가난한 부부는 모든 일이 문제로다." 그런 사람들에게 묻고 싶다. "부자 부부가 돈 걱정을 많이 할까, 아니면 가난한 부부가 돈 걱정을 많이 할까?"

답은 당연히 '가난한 부부'다. 2019년에 노벨 경제학상을 받았던 아브히지트 바네르지Abhijit Banerjee 교수는 가난한 사람은 돈에 늘 매인 삶을 살 수밖에 없다고 말한다. 돈 문제를 생각하면 사람은 이성적으로 변한다. 그리고 너무 이성적인 사람은 타인의 감정을 상하게 하곤 한다. 바로 이런 연유에서 "가난한 부부는 모든 일이 문제가 된다."라고 한 것이다.

돈은 그것에 관한 이야기를 하는 것뿐만 아니라 보거나 생각하는 것만으로도 감정을 상하게 할 수 있다. 2006년 미네소타대학교의 보스Kathleen Vohs가 과학잡지 《사이언스》지에 발표한 연구 결과가 있다. 사람들은 **돈과 관련된 생각을 하거나 자신의 계좌 잔액을 본 후에는 타인을 도와주고 싶은 마음이 적어진다는 것이다. 또한 어떤 도움이 필요한 상황에서도 남을 도와주려고 하지 않는다고 한다.**

실험은 참가자 앞에서 연필을 떨어뜨린 후 그 연필을 줍는지를 지켜보는 것이었다. 재밌게도 돈 사진을 본 참가자들은 떨어진 연필을 주워 주지 않으려는 경향을 보였다. 실제로 돈이 생긴 것도 아닌데 **돈을 본 것만으로도 돈이 충분하다고 느끼고 타인과의 관계를 중요시하지 않게 여긴 것이다.** 그렇다면 돈을 어떻게 대하고 이야기하면 좋을까? 다음의 두 방법을 활용해 보자.

첫째, 돈을 돈으로만 생각하지 않는다. 예를 들면 돈 봉투를 받고 그 자리에서 열어보지 않는다. 다른 사람에게 돈을 줘야 하는 상황에서도 마찬가지다. 덜렁 돈만 주는 것이 아닌 봉투라는 '신호'에 담는다. 봉투는 비단 상대에 대한 예의를 갖추기 위해서뿐만 아니라 '돈의 교환'을 감추는 역할도 한다.

돈은 마음을 표현하기에 가장 편리한 도구다. 돈은 사회적으로 약속된 교환 도구로서의 역할뿐만 아니라 사람의 마음을 전달할 때도 쓰인다.

2002년 프랑스 여론조사기구 IFOP의 조사 결과 다수의 프랑스인은 여성에게 구애하는 것은 곧 돈과 관련된 일이라고 여기는 것으로 나타났다. 재산은 이성을 유혹하는 데 가장 중요한 역할을 한다. 이때 중요한 것은 돈을 돈으로 보이지 않게 하는 무언가로 변신시켜야 한다는 것이다. 아름다운 꽃다발이나 맛있는 저녁 식사 같은 것들을 예로 들 수 있다. 또 어떤 사람들은 값비싼 가방이나 자동차, 보석 등으로 돈을 바꾸기도 한다. 이러한 방식이 매우 번거롭게 느껴질 수도 있지만, 이는 실로 매우 중요한 작업이다.

둘째, 자동으로 돈을 관리하는 메커니즘을 만든다. 이렇게 하면 돈에 관한 이야기를 굳이 꺼낼 필요가 없어지기 때문이다. 사실상 돈은 이혼 문제에 있어 불륜만큼이나 큰 문제가 된다. 부부간 대화의 주제가 언제나 돈이 되어선 안 된다. 돈 문제가 생기면 둘은 빠르게 합의를 보고 이를 하나의 공식으로 만들어 비슷한 일이 생길 때마다 그 공식대로 적용해 해결해야 한다.

그렇다면 어떤 유형의 부부가 대화에서 돈 문제가 차지하는 비중이 가장 작을까?

첫 번째는 수입이 비슷한 부부다. 두 번째는 공동 관리 계좌로 생활하는 부부다. 마지막은 돈에 대한 가치관이 비슷한 부부다. 공동 관리 계좌는 곧 서로에 대한 신뢰의 증거다. 부부가 공통의 목표를 이루는 과정에서 의견을 같이한다는 일종의 담보와도 같다. 각종 대금을 내기 전에 미리 상의할 시간을 가지기 때문이다. 공동 관리 계좌와 더불어 서로에게 자유롭게 운용할 수 있는 수입을 분리해 놓는다면 더욱 좋다.

가난을 자조하는
사람들의 기괴한 심리

10

카푸어Car Poor나 하우스푸어House Poor 같은 말을 들어 본 적이 있는가? 라면으로 끼니를 때울지언정 비싼 것을 구매함으로써 만족감을 채우려는 사람들을 일컫는 말이다.

이런 사람들이 '숨겨진 빈곤 인구'에 들어간다. '숨겨진 빈곤 인구'는 보기엔 먹고살 만해 보이지만 사실상 그렇지 않은 사람들을 지칭하는 말이다. 그들은 SNS에 각종 여행지의 사진을 찍어 올리고, 아이폰을 쓰며 최신 유행하는 명품 옷을 입는다. 입만 열면 명품에 대해 떠들기 바쁜 그들은 겉으로는 화려해 보이지만 그 이면엔 가난한 현실이 숨어 있다.

중국의 각종 조사 데이터 서비스 제공 업체 몹 데이터Mob Data는 2018년 3분기 중국 스마트폰 시장에 대한 조사 결과를 발표했다.

이 조사에 따르면, 아이폰을 쓰는 대부분의 사람이 여성이고 미혼이며 특히 월수입이 3,000위안(약 50만 원)에 그치는 숨겨진 빈곤 인구였다.

빈부격차가 클수록 사치품에 관심이 많다

부자들은 차치하고라도 왜 가난한 사람들까지 명품에 대해 침을 튀겨가며 이야기를 해댈까? 이런 숨겨진 빈곤 인구는 대체 왜 생기는 걸까? 왜 가난함에도 명품을 구매해 더 빈곤해지는 것일까?

심리학자들의 연구에 따르면, 빈부격차가 큰 사회에서 신분을 드러내는 상품에 대한 관심도가 더 올라간다고 한다. 이런 사회에서 비싼 물건을 사는 행위는 곧 사회적 지위를 사는 것과 같은 의미가 있다.

영국 워윅대학교 왈라섹Walasek 교수는 2015년 구글 검색어에 관한 연구에서 이와 관련된 현상을 발견했다. 그는 미국 각 주의 빈부격차를 조사한 뒤 열지도 차트(Heat map, 색깔이 짙을수록 빈부격차가 심한 것을 의미)를 만들었다. 미국 각 주의 빈부격차는 모두 달랐는데 예를 들어 캘리포니아주 사람들의 수입은 꽤 비슷했던 반면, 뉴욕주나 루이지애나주는 그 차이가 매우 크게 나타났다.

지도를 분석한 뒤엔 구글 검색어를 파헤쳤다. 이 과정에서 '랄프 로렌', '데이비드 율만' 같은 지위를 드러낼 수 있는 고급 상품의 이름을 키워드로 정했다. 또한 그와 상관없는 치킨이나 말린 레몬 같은 식품도 키워드에 넣었다. 그리고 각 주의 키워드별 검색 빈도를 조사한 결과 빈부격차가 큰 주일수록 신분이나 지위를 나타내는 사치품에 대한 검색률이 월등히 높았다. 이렇듯 사람들은 빈부격차를 크게 느낄수록 사치품에 대한 관심이 높았다.

2017년에 왈라섹 교수와 펜실베이니아대학교의 바티아Bhatia 교수는 연구를 좀 더 발전시켜 진행했다. 이 연구는 《소비자심리학》지에 실렸다.

실험에 참여한 150명은 각자 자신이 생각하는 고급 브랜드 10개와 저렴한 브랜드 10개를 골랐다. 구찌, 벤츠, 애플 등 트렌드를 앞서가는 브랜드 10개와 월마트, 맥도날드, 버거킹 등 저렴한 브랜드 10개가 선택되었다.

연구진은 최근 며칠간 온라인에서 앞서 참가자들이 선택한 브랜드들이 얼마나 언급되었는지를 확인했다. 동시에 그러한 게시물이 올라온 지역의 빈부격차를 표기했다. 분석 결과 빈부격차가 큰 지역일수록 10대 고급 브랜드에 대한 언급이 더 많은 것을 발견했다. 그리고 수입 격차가 적은 지역에서는 10대 저렴한 브랜드에 대한 언급이 더 많았다. 즉, 빈부격차가 클수록 사치품에 더 많은 관심을 보이고, 격차가 적을수록 일반 브랜드에 더 관심을 가졌다.

트리니티 컬리지의 사회학 교수 레이테Layte는 불평등한 사회는 사람들이 자신이 가진 지위에 대해 불안감을 느끼도록 조성하는데, 이

것이 사람들의 건강에까지도 영향을 미친다고 말했다. 빈부격차가 큰 지역일수록 사람들은 더 불안해한다.

그렇다면 이러한 불안으로 인해 그들이 사치품에 관심을 가지는 것일까?

이 문제에 대한 해답을 찾기 위해 왈라섹 교수는 앞서 찾은 온라인 게시물에 담긴 사람들의 감정에 점수를 매겼다. 이 점수는 사치품에 대한 사람들의 감정을 나타내는 것이었다. 분석 결과 비록 빈부격차가 큰 지역에 살지만, 사람들은 사치품에 관한 이야기를 할 때 더욱 긍정적인 정서를 드러냈다. 이것은 빈부격차가 큰 지역에 사는 사람들이 사치품에 관심을 가지는 이유가 결코 불안감에서 비롯된 것이 아니라는 점을 의미한다. 왈라섹 교수는 이런 현상이 나타나는 이유를 **사치품에 관한 이야기가 그 사람에게 행복한 삶이 손 닿는 곳에 있다는 것을 느끼게끔 하고, 그 물건을 사는 것으로 꿈을 만족시키기 때문**이라고 말한다.

빈부격차가 큰 지역에 사는 빈곤한 사람의 현실은 매우 잔혹하지만, 이 때문에 부자의 꿈이 좌절될 필요는 없다고 생각한다. 따라서 사치품을 통해 환상 속 만족감을 누리는 것이다.

숨어 있는 빈곤 인구의 실체

빈부격차 현상으로 사람들이 명품에 눈을 돌리는 것은 아주 많은 문제를 안고 있다. 먼저 가난한 사람들의 부담을 가중시킨다.

미국연방준비제도이사회의 수석 경제학자 브리커Bricker는 2014년 빈부격차로 인해 가정 내 '지위를 위한 소비'가 늘어났다는 사실을 발견했다. 빈부격차가 큰 지역의 사람들은 신분을 드러낼 만한 물건을 사고 싶어 했다. 빈부격차가 크면 클수록 사치성 소비와 마이너스 소비 지출을 하는 경향이 높았다.

또한 이 같은 현상의 결과로 저축이 줄었다. 워싱턴대학교 위즈맨 Wisman 교수의 연구 내용을 살펴보면, 20세기 1980년대부터 2007년까지 미국의 지니계수(수입 격차를 나타내는 지수)는 0.4에서 0.47로 증가했다. 동시에 주민들의 개인 저축률 또한 10.4퍼센트에서 0퍼센트에 가깝게 떨어졌다. 심각한 경우 2005년에는 무려 -0.4퍼센트대로 하락했다. 빈부격차가 큰 지역일수록 가정의 평균 저축률이 낮아져 그 상관관계를 알 수 있었다.

빈부격차는 마치 숨겨진 풍향계와 같다. 사람들의 사치품 소비를 부추기고, 작은 허영심을 채워 서로 마음속 보이지 않는 평가와 비교를 하게 만들어 무형의 상처를 낸다. 빈부격차가 큰 지역의 가난한 사람들은 사치품 구매를 통해 '지위를 위한 소비'를 한다. 이처럼 '빛 좋은 개살구'들이 바로 숨어 있는 빈곤 인구의 실체들이다.

11

돈을 세는 것만으로도
고통이 줄어든다

물질적 자유로움은 곧 스스로가 자유로워지는 길이다. 혹자는 말한다. 전 세계에서 일어나는 행복한 일 중 80퍼센트가 돈과 별다른 관계가 없다고. 하지만 반대로 비극 중 80퍼센트는 돈 때문에 일어난 일이다. 슬프고 어려운 일 앞에서 '돈'은 늘 사건을 해결할 유일한 열쇠로 추앙받는다. 하지만 정말 그럴까?

2009년 나는 다음과 같은 실험을 했다. 먼저 참가자인 대학생들에게 손가락을 얼마나 자유자재로 움직일 수 있는지를 알아보기 위해서라며 종이를 세어보도록 했다. 한 조에는 80장의 지폐를 세도록 했고. 다른 한 조에는 지폐와 같은 크기의 종이 80장을 세도록 했다. 이후 뜨거운 물에 손가락을 넣고 얼마나 버틸 수 있는지를 실험했다.

학생들에게 처음엔 50℃의 물에 30초 동안 넣고 있으라고 했고, 그 다음엔 43℃의 물에 30초 동안 넣고 있게 했다. 50℃는 인간의 피부가 견딜 수 있는 온도의 한계보다 높아 고통을 줄 수 있는 온도다. 반대로 43℃는 아주 적당하고 따뜻한 온도다. 그런 다음 학생들에게 각각의 물에 손가락을 넣었을 때 얼마나 아팠는지를 물어봤다.

흰 종이를 셌던 학생들은 50℃ 물에 손을 담갔을 때 매우 아팠다고 했다. 하지만 돈을 셌던 학생들은 50℃의 온도의 물에서 아픔을 느끼지 못했다. 그리고 43℃의 물에서는 두 조의 대답 모두 별다른 차이를 보이지 않았다. 이로써 '돈을 세는 것'은 인간의 고통도 덜 수 있다는 것을 알 수 있었다. 이 실험 결과를 보고 BBC의 한 과학 다큐멘터리에서 비슷한 조건 아래 실험을 다시 한번 진행했다. 다만 여기서는 얼음물로 바꿔 변수를 두었고 결과는 예상할 수 있듯 돈을 센 사람들이 얼음물에서 더 오랜 시간 버텼다. 이렇게 **돈을 세는 것만으로도 그다음에 느낄 고통을 더 오래 참을 수 있다는 것**이 또 한 번 증명되었다.

인생의 주인이 되는 물질적 자유로움

영국의 유명 심리학자 폴 웨블리Paul Webley는 돈은 마치 마약과도 같지만 동시에 치료약의 역할도 한다고 말했다. 나는 여기서 어떤 치료약이냐고 묻는 말에 '진통제'라고 답했다. 돈의 이러한 특성은 비단 실험실에서만이 아닌 일상에서도 충분히 발견할 수 있다.

불행한 일이 생겼을 때 부자와 빈자 중 과연 어느 쪽이 더 큰 영향을 받을까?

2010년, 노벨 경제학상의 주인공이자 심리학자인 대니얼 카너먼과 갤럽(유명 여론조사기관)은 미국의 4.5만 주민을 대상으로 '고통 증상'에 대해 조사를 진행했다. 조사 결과, **고통을 느끼는 정도는 가난한 사람들이 부자보다 더 크게 나타났다.** 월수입이 3천 달러 이상이며 두통을 겪지 않는 사람은 일상생활에서 느낄 수 있는 고통에 19점(100점 만점)을 매겼고, 두통을 겪는 사람들은 38점을 매겼다. 즉, 두통은 고통 지수를 19점 올릴 수 있다는 결론을 내릴 수 있다. 그런데 월수입이 1천 달러 이하인 사람들 중 두통이 없는 사람들은 일상 속 고통에 38점을 매겼고, 두통이 있는 사람들은 무려 70점을 매겼다. 32점이나 증가한 것이다.

이러한 실험은 두통에 국한되지 않았고 각종 다른 질병이나 이별 또는 외로움 등 다른 고통에서도 같은 양상이 확인되었다. 요컨대 가난할수록 고통을 더 크게 느낀다는 것이다. 이렇듯 돈은 인생의 각종 고통을 줄여 주는 역할을 톡톡히 한다.

앞서 우리가 진행한 연구는 발표 직후 중국 내 많은 매체를 포함해 11개 국가에서 보도되어 큰 반향을 일으켰다. 실험 내용이 물질만능주의를 부추긴다며 비판하는 시청자들이 많았다.

하지만 우리의 결론은 **'돈이 행복을 가져올 수 있다.'**가 아닌 **'돈은**

진통제 역할을 한다.'였다. 이 둘은 완전히 다른 문제다. 쉽게 말하면 '진통제를 먹으면 진통 효과를 볼 수 있습니다.'이지 '진통제는 만능이니 진통제만 믿으세요.'가 아니라는 것이다.

돈은 사람을 보호해 주고 고통을 덜어 주는 역할을 한다. 그리고 그 효과를 본 사람들은 일종의 자유를 느낀다. 미국의 2대 대통령 존 애덤스John Adams는 이렇게 말했다.

"나는 반드시 정치와 전쟁에 관해 연구할 것이다. 그렇게 해야만 내 아들이 수학과 철학을 자유로이 공부하게 되기 때문이다. 내 아들이 수학과 철학, 지리, 자연, 역사, 조선操船, 항해, 상업 그리고 농업을 배운 후에야 내 아들의 아들은 회화, 시가詩歌, 음악, 건축, 조소彫塑, 카펫을 짜는 법 그리고 도자기를 빚는 법을 배울 기회를 얻기 때문이다."

이른바 물질적 자유로움은 배를 채울 충분한 빵과 따뜻함을 얻을 난로, 그리고 '낭만적이지만 쓸데없는' 시나 음악을 배울 수 있는 '환경'을 제공한다. 또한 물질에서 자유로운 사람은 잘못된 일에 '틀렸다'라고 말할 수 있어야 한다. 돈이 충분한 안정감과 자유를 준다고 생각할 때 사람들은 자신이 아주 강하다고 느끼며, 하고 싶은 말을 마음대로 하게 된다. 더는 타인의 시선을 신경 쓰지 않고 세속적인 것을 추구하며 부끄러워하지 않는 것이다. 인생의 주인이 된 기분을 한껏 누리게 해 주는 것, 그것이 바로 물질적 자유로움이다.

돈은 자기중심적으로 만든다

'돈이 사람을 망친다'라는 말은 일상에서도 자주 쓰인다. 하지만 **돈은 사람을 바꿀 수 없다. 사람은 '자기 마음'으로 인해 바뀌는 것이다.** 요즘 유행하는 물질적 자유로움의 기준은 스타벅스 그란데 사이즈 음료나 마카롱, 샤인머스캣 같은 것을 원 없이 사 먹을 수 있음을 의미한다. 그리고 그걸 먹을 때 허한 마음이 채워지는 듯한 기분을 느낀다.

2006년 미네소타대학교 교수 캐슬린 보스는 《사이언스》지에 '돈이 감정에 미치는 영향'이라는 연구를 발표했다. 실험 내용은 이렇다.

참가자인 대학생들에게 컴퓨터로 실험 목적과는 전혀 상관없는 내용의 과제를 주고 과제가 끝나면 컴퓨터 화면에 자동으로 화면보호기가 실행되도록 했다. 캐슬린 교수는 여기서 한 가지 차이점을 뒀는데, 바로 절반의 화면보호기에는 한 무리의 열대어가 헤엄치는 장면을 설정했고, 나머지 절반에는 돈뭉치가 여러 개 쌓여 있는 장면을 설정했다. 이렇게 함으로써 절반의 학생들 머릿속엔 돈에 대한 이미지가 남게 했다.

이제 첫 번째 과제를 끝마친 학생들에게 두 번째 토론 과제를 주었다. 다만 의자 2개를 건네며 토론할 상대방이 아직 도착하지 않았으니 먼저 가서 의자를 마주 보게 놓고 앉아 있으라고 지시했다. 학생들은 빈방에 들어가 의자를 놓았다. 그때 연구진은 학생들이 놓은 의자 사이의 간격을 기록했다. 그 결과, 열대어를 본 학생들은 거리를 약 80센티미터의 간격을 뒀고, 돈뭉치를 본 학생들은 길게는 약 118센티미터의 간격을 두고 의자를 배치했다.

통상적으로 **한 사람이 일상에서 필요한 공간은 그 사람을 중심으로 원을 그렸을 때 지름이 100센티미터를 넘지 않는다고 한다.** 하지만 이 연구에 따르면, **돈을 본 이후 사람들에게는 더 넓은 공간이 필요하다는 것을 알 수 있다. 즉, 자기중심적 경향이 더 짙어졌다는 것이다.**

사람은 신념에 따라 행동한다. 그리고 그 신념은 곧 자기 자신이 되고 어떤 마음으로 살아갈지를 결정한다. 돈은 이러한 자기중심적 경향을 더 강력하게 만든다. 원래 성격이 좋지 않은 사람이었다면 돈은 그 사람의 성격을 더 망친다. 자기애가 넘치는 사람이었다면 돈은 그 사람의 자기애를 훨씬 더 넘치게 한다. 하지만 심성이 바르고 착한 사람이었다면 돈은 그 사람을 더 착한 사람으로 만들기도 한다.

심리적 안정감을 얻기 위한 고군분투

맨체스터경영대학원의 아이잭슨Isaksen, 로퍼Roper 교수는 2012년 100명 이상의 15~16세 영국 청소년들을 대상으로 그룹 인터뷰를 진행했다.

이 과정에서 아이들은 6명이 한 조가 되어 약 50~60분 동안 서로 대화를 나눴다. 연구를 통해 용돈을 더 많이 받을수록, 재밌는 놀거리를 더 많이 가진 아이일수록 집단 내에서 자존감이 더 높다는 사실을 알아냈다. 이 나이 또래 아이들 사이에선, 어떤 물건을 가지고 있느냐가 그 아이가 어떤 사람인지를, 그리고 그 집단에서 배척될지 혹은 받아들여질지를 정한다.

아이들은 또래에게서 배척당할 때 제일 먼저 물질적인 것을 통해 자신의 가치를 높이려고 한다. 명품 신발이나 지갑, 가방으로 우정을 사려는 것이다. 마치 개츠비가 데이지를 잃은 후 비싼 차나 고급 별장 그리고 화려한 파티로 부를 좇았던 것처럼 말이다. 그 역시 물질 만능주의에 지배당해 그것으로 자신을 증명하려고 했던 것이다.

인간관계가 망가진 사람들이 돈을 통해 상처받은 마음을 치유하려는 행동은 일종의 보상 심리에서 비롯된다. 인류는 살아가는 동안 안정감을 얻기 위해 끊임없이 고군분투한다. 그러므로 인간관계에서 안정감을 얻지 못할 경우 돈과 같은 물질적인 것으로 시선을 돌리게 된다. 하지만 중요한 것은, 돈은 무생물이므로 아무런 행동을 하지 못한다는 것이다.

안정감은 오로지 그것을 느끼는 자신이 설정한다. 남이 어떻게 말하든 그걸 어떤 의미로 받아들이고 해석하는지는 본인에게 달렸기 때문이다. 아기들이 모유수유를 끊은 후에도 공갈 젖꼭지를 물고 있으려는 이유는 바로 안정감 때문이다. 성인들이 돈에 의지하는 행동은 공갈 젖꼭지를 떼지 못하는 아기와 비슷하다.

2012년 미국 캔자스대학교의 키퍼^{Keefer} 교수 등은 연구를 진행한 후 《실험사회심리Journal of Experimental Social Psychology》지에 관련 연구를 발표했다.

학생들을 두 조로 나누어 한 조에는 도움이 시급한 상황에서 가까운 사람들이 실망을 준 일 세 가지를 적게 하고, 다른 한 조에는 반대로 도움이 시급할 때 가까운 사람들로부터 도움을 받았던 일 세 가지를 적게 했다. 계속해서 학생들은 물질 의존 정도를 측정하는 설문조사에 답했다. 설문에는 "원하는 물건을 가지면 위로, 격려, 안정감을 느낀다.", "원하는 물건을 가지지 못하면 무능력함을 느낀다."와 같은 내용이 담겨 있었다.

실험 결과 도움을 받지 못했던 일들을 적었던 첫 번째 조 학생들이 그렇지 않았던 학생들에 비해 물질 의존 정도가 더 높은 것으로 나타났다. 4점 만점에 무려 3.16점을 기록했는데, 두 번째 조 학생들은 이보다 낮은 2.66점을 기록했다.

이 실험은 앞서 얘기했던 인간관계로 인한 실패를 물질로 극복하려는 사람들의 성향을 잘 보여 준다. 홍콩의 유명 작가 역서^{亦舒}의 장편소설 『희보^{喜宝}』에는 이런 말이 나온다.

"너는 사랑을 많이 받아야 해. 사랑이 없다면 돈이라도 많아야 해."

[그림 1-5] 학생들의 물질 의존 정도. 점수가 높을수록 의존 정도가 높다는 것을 의미한다.

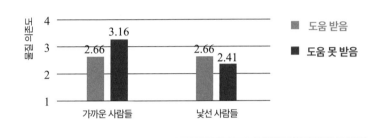

돈에 대한 욕구를 부추기는 불안감

그렇다면 정말 돈이 망가진 인간관계로 인한 상처를 '치유'하는 기능을 할까? 우리 연구진은 2009년 이와 관련된 실험을 진행했다.

먼저 1조 학생들에겐 80장의 100위안 지폐를 주고, 2조 학생들에겐 지폐의 모양과 크기가 같은 흰 종이 80장을 주었다. 이후 각각의 학생들에게 다른 학생 2명과 컴퓨터로 공 넣기 게임을 하도록 했다. 이 과정에서 다른 두 학생이 공을 넘겨주지 않고 자기들끼리만 공을 주고받게끔 했다. 마치 어릴 적 다른 아이들이 놀이에 끼워 주지 않는 듯한 기분이 들게 하는 이런 행동은 사람들에게 충분히 상처를 줄 수 있다. 놀이가 끝난 후 공을 넘겨받지 못했던 학생들은 그렇지 않은 학생들에 비해 자존감 정도가 눈에 띄게 하락했다.

흥미로웠던 점은 **게임 전 돈을 받은 학생들은 공을 넘겨받지 못해도 자존감이 크게 떨어지지 않았다**는 것이다. 돈을 생각하는 것만으로도 타인이 내 자존심을 건드리는 것을 크게 개의치 않게 되었기 때문이다. **이렇게 돈은 남에게서 받은 상처를 치유하는 기능을 한다.**

돈은 이런 순기능을 하기도 하지만 반대로 타인과의 관계를 망치기도 한다. 이는 돈을 가지고 있음으로써 인간관계를 유지하고 개선하려는 노력 자체를 하지 않기 때문이다.

미국 브리검영대학교의 딘^{Dean} 교수 등은 2007년 600명의 부부를 대상으로 이에 관한 연구를 했다. 그 결과, 부부 중 한 명이 돈을 좋아할수록 부부 관계에 대한 만족도가 더 낮아졌다는 것이다. 비틀즈의 한 노래에는 이런 가사가 나온다. "돈으로는 내 사랑을 결코 살 수 없어요." 돈에 대한 사랑은 진실한 사랑에 상처를 입힌다.

그렇다면 사랑을 충분히 받은 사람은 돈의 유혹에서 벗어날 수 있을까? 그렇다. 돈을 목숨과도 같이 소중하게 여기는 사람들에 관한 이미지를 떠올려 보자. 스크루지(『크리스마스의 캐럴』 주인공) 같은 쩨쩨하고 이기적인 이미지가 떠오르지는 않는가? 그들은 가뭄에 콩 나듯 밥을 사고 그들에게서 돈 한 푼이라도 빌리려면 진땀을 빼야 한다. 심지어 그들은 자신의 씀씀이에도 매우 엄격하다. 프랑스 대문호 발자크의 걸작 『외제니 그랑데』에 등장하는 그랑데는 엄청난 부자이지만 낡고 허름한 집에서 산다. 그에게 돈은 매우 중요하기 때문에 한 푼의 지출에도 피눈물을 머금는다. 이것이 바로 심리학자들이 말하는 '지출의 고통the Pain of Payment'이다.

하지만 사랑이라는 명약은 충분히 이를 치료할 수 있다. 우리 연구진이 2015년 진행했던 연구가 바로 이에 관련된 것이다. 우선 쇼핑센터 앞에서 방금 구매를 마치고 나온 80명의 사람을 임의로 선정했다. 그중 절반에게는 자신을 제일 응원해 주는 사람 3명의 이름을 적도록 했다. 나머지 절반에게는 역사적 인물이나 연예인 등 자신이 좋아하는 사람의 이름을 적도록 했다. 앞선 절반의 사람들은 사랑받고 있다는 기분을 느꼈다. 계속해서 우리는 돈을 얼마나 중요하게 생각하는지를 물었다. 중요도에 따라 1~10점을 주게 했다. 그리고 소비를 한 다음 얼마나 후회하는지도 물었다. 점수가 높을수록 방금 산 물건에 대한 후회를 의미한다.

실험 결과, 사랑받았던 기억을 떠올린 사람들은 이미 쓴 돈에 대해 5.1점을 주며 그다지 후회하지 않는 경향을 보였다. 하지만 반대의 사람들은 6.75점을 주며 약간 더 후회했다.

사람들은 타인에게서 깊은 사랑과 충분한 관심을 받으면 자신이 보호받고 있으며 안전하다고 느낀다. 마치 엄마 품 안에 있는 아기처럼 공갈 젖꼭지가 더는 필요하지 않은 것이다.

앞선 연구에서 사랑받았던 기억을 떠올렸던 사람들은 돈의 중요성을 5.65점 정도로 매겼고, 그 반대는 7.23점으로 더 높았다. 즉, 돈으로 사랑을 대신한 행위에 대해 자신도 모르게 후회하는 것이다.

애정 결핍은 불안감을 낳는다. 그리고 불안감은 돈에 대한 욕구에 불을 지핀다. 하지만 충분한 사랑은 마치 모든 것을 막는 방패처럼 돈의 매력을 튕겨 낸다. 사랑이 마치 보호막처럼 돈이라는 함정을 멀리할 수 있게 해주는 것이다.

돈은 죽음의 공포도
물리친다

12

죽음이 두려운가? 그렇다면 오늘은 베개 밑에 돈을 넣고 잠을 자
보자.

이 세상에 어떤 부류의 사람들이 죽음을 더 두려워할까? 이 질문
에 많은 사람이 '어쩌면 돈 많은 사람이 아닐까?'라고 생각할지 모른
다. 〈타이타닉〉에서 작은 구명보트를 타고 도망갔던 로즈의 돈 많은
약혼자 칼 헉슬리는 죽음 앞에서 극도로 이기적인 태도를 보이며 살
기 위해 버둥댔다. 탐욕스러운 사람이 죽음을 두려워하는 장면은 아
주 흔히 볼 수 있는 장면이다. 부자야말로 목숨을 누구보다 소중히
여긴다고 생각하는 것은 지극히 일반적이다.

하지만 앞으로 소개힐 연구는 이와는 정반대의 결과를 보여 준
다. **돈은 죽음을 더욱 두렵지 않게 만들어 준다고 밝혀졌다. 정말**

그럴까?

죽음을 자주 생각한다면 베개 밑에 돈을 놓아 보라

죽음은 평소엔 우리와 멀리 떨어져 있는 것 같다. 하지만 어느 날 친한 지인의 부고를 듣거나 신문에서 자연재해로 인한 수많은 사람의 안타까운 소식을 접하기라도 하면 그제야 죽음이 우리 가까이에 있었음을 느끼게 된다. 인류 역사상 죽음을 피할 수 있었던 사람은 아무도 없었다. 현재를 살아가는 우리도 곧 죽음의 손아귀에서 벗어날 수 없음은 분명하다. 죽음을 떠올리면 사람들은 끝없는 슬픔에 잠긴다. 열심히 현생을 살아가지만, 결국엔 광활한 우주에서 인간은 매우 작은 존재라는 것을 느끼기 때문이다.

그렇다면 어떻게 죽음이 가져오는 두려움을 극복할 수 있을까? 어쩌면 돈이 그 문제를 해결할 수 있으리라는 사실을 아는 사람은 몇 없을 것이다.

2018년 9월 《실험사회심리Journal of Experimental Social Psychology》지에는 '돈은 죽음에 대한 두려움을 낮출 뿐만 아니라 죽음에 대해 생각하는 것을 방지해 준다.'라는 연구 결과가 담긴 글이 실렸다.

이 실험은 폴란드 바르샤바에서 인문·사회과학을 연구하는 아가타Agata와 미국 위스콘신대학교의 토마슈Tomasz, 펠린Pelin이 진행한 것이었다. 76명의 폴란드 사람들이 이 실험에 참여했으며 평균 나이는 36세였다. 연구진은 먼저 절반의 사람들에게 예를 들면 "나는 죽는 게 너무 두렵다." 같은 죽음 관련 글을 보여 줌으로써 죽음에 대한 공포감과 두려움을 심어 주었다. 나머지 절반은 대조군으로 "나는 치과에 가는 것이 너무 두렵다." 같은 문장을 읽게 해 마찬가지로 두려움을 간접적으로 느끼게끔 했다.

그러곤 종이 1장씩을 나눠 주고 관련된 문제를 낼 테니 앞으로 30초 안에 사진을 관찰하고 세부 모습을 기억하라고 주문했다. 절반의 사람들에겐 폴란드 지폐를 인쇄한 사진을, 나머지 절반의 사람들에겐 지폐와 같은 크기의 아무 사진이나 보여 주었다. 이후 죽음을 어느 정도 생각하는지를 시험하기 위해 폴란드어 단어 빈칸 채우기를 시켰다. 1부의 단어 시험지를 나눠 줬는데 그중 9개는 죽음에 대한 공포심이 반영된 단어와 복수의 의미로 해석될 여지가 있는 단어였다. 예를 들면, TR___A의 경우 Tratwa(카약)과 Trumna(관棺)의 2가지로 읽을 수 있다. 만약 관으로 읽는다면 죽음에 관해 생각하고 있음을 뜻한다.

연구 결과, 죽음에 관한 글을 읽었던 사람들의 경우 마지막 단어시험에서 평균 2.42개의 단어를 죽음과 연관된 뜻으로 적었다. 그리고 치과에 관한 글을 읽었던 사람들은 평균 1.16개의 죽음과 연관된 뜻으로 적었다.

중요한 것은 지폐를 관찰했을 경우 죽음에 관한 글을 읽었든 치과에 관한 글을 읽었든 마지막 단어시험에서 죽음 관련 단어를 훨씬 적게 썼다는 것이다(그들은 각각 0.84개와 0.58개의 죽음 관련 단어를 적었다). 돈은 실제로 죽음에 대해 덜 생각하게 했다.

돈은 교환의 도구 말고도 그 자체로도 상징성이 크다. 돈은 강함과 전지전능이라는 의미를 내포한다. 그래서 그걸 떠올리기만 해도 실제로 그 힘을 가진 것 같은 착각을 불러일으킨다. 돈의 응원을 받으면 우리는 자신의 가치를 믿으며 자존감이 높아지면서 죽음에 관한 생각은 자연스레 멀어질 수 있다. 일상이 불안하다면 베개 밑에 돈을 두고 자는 것은 어떨까? 전쟁을 겪은 세대인 우리 할아버지도 베개 밑에 골드바를 놓고 자는 것을 보면 효과가 있는 듯하다.

2장

돈을 알면 세상 돌아가는
원리가 보인다
돈과 사회생활

우리는 돈을 좇으면서도 겉으로는 아닌 척 연기한다. 조금이라도 더 벌기 위해 야근 수당을 챙긴다. 하지만 다른 한편으로는 이렇게 힘들게 번 돈을 대놓고 자랑하지 않는다. 왜 사람들은 돈에 대한 진심을 숨길까?

01 '얼굴값'은 도대체 얼마일까

예쁘고 잘생긴 사람은 과연 돈을 더 많이 벌까? '얼굴값'이란 한 사람의 외모를 돈의 값어치로 평가하는 말이다. 이 단어는 인터넷망이 발달하고 이미지 정보가 홍수처럼 쏟아지는 시대에 유행하기 시작했다. 이미 자주 쓰이던 '용모'부터 오늘날의 '얼굴값'까지 외모는 항상 사람의 보이는 모습 그 이상의 의미로 사용됐다.

예쁘고 잘생긴 사람이 돈도 잘 번다?

외모가 괜찮으면 보기에도 좋지만 돈도 많이 벌 수 있다. 미국의 노동경제학자 해머메시Hamermesh와 비들Biddle은 얼굴값과 수입의 상관관계를 연구했다.

그 결과, 외모가 평균 이하인 사람들은 인당 평균 수입이 9퍼센트나 적었다. 반면 외모가 평균 이상인 사람들은 인당 평균 수입이 최대 5퍼센트까지 더 높은 것을 확인할 수 있었다. **외모만으로도 그들의 수입은 무려 14퍼센트까지 차이가 났다.** 이는 한 사람의 인생에서 절대 적지 않은 액수다. 경제 잡지 《이코노미스트》 또한 이런 글을 게재했다.

"권력은 얼굴값이 높은 리더가 쥐고 있다. 이는 밀림의 원숭이 무리에서도, 오늘날 소위 선진국이라 불리는 국가들에서도 예외 없이 발견된다. 리더는 그 회사의 얼굴이다. 따라서 그의 이미지와 회사의 성과를 절대 분리해서 볼 수 없는 것이 사실이다."

이제는 취업시장에서든 연봉 협상 과정에서든 외모 또한 중요한 세상이 되었다.

독일 한 대학교의 연구진은 약 3,000여 명의 직장인을 대상으로 그들의 외모와 직위, 수입을 조사했다. 그리고 연봉과 승진 모두 외모가 평균 점수보다 1점 더 높을 때 그 상승 속도가 대략 3퍼센트 증가한다는 결과를 얻었다. 이는 사실 경제학적으로도 '뷰티 프리미엄 Beauty Premium'이라는 이름으로 증명된 바 있다. 퀸Quinn은 미국 노동시장 지표를 연구하다 외적으로 더 나은 사람일수록 고용이 성사될 확률이 더 높고 연봉 또한 평균보다 더 높게 받는다는 사실을 발견했다.

로젤Roszell 등은 캐나다의 자료를 분석하는 과정에서 외모와 연봉의 정비례 관계뿐만 아니라 같은 기간 내 연봉의 증가율에서도 같은 경향을 확인했다. 프리즈Frieze 등도 MBA 졸업생들에 관한 데이터에서 잘생긴 남학생들은 그렇지 못한 학생들보다 초봉이 더 높았고 연봉의 상승 폭도 더 크다는 사실을 알아냈다. 물론 여학생들에 관한 데이터도 이와 같은 경향을 보였다.

또 하나 재밌는 사실은 CEO의 외모로 그 회사의 연 수입을 예측할 수도 있다는 것이다. 2008년 미국 터프츠대학교 룰Rule과 암배디Ambady는 《심리과학》 학술지에 이와 관련된 연구 결과를 게재했다.

2006년 그들은 세계 상위 500위까지 부자 명단에서 상하위 25개 회사를 추려내 각각의 CEO들 사진과 수익을 나타내는 데이터를 뽑았다. 그리고 학생 50명에게 CEO들의 사진만 보여 준 뒤 리더로서 그들의 자질을 평가해 보라고 했다. 그 결과, 학생들이 오로지 **사진으로만 보고 자질을 높게 평가했던 CEO들의 회사는 실제로 그렇지 않았던 CEO들의 회사보다 더 높은 이윤을 냈다.** 2009년 연구진은 여성 CEO들의 외모로 또 한 번 실험했고, 결과는 같았다.

외모는 타인이 우리의 이미지를 판단할 때 중요한 기준이 되기도 하고 타인이 우리에게 하는 행동에 영향을 미치기도 한다. 그리고 외모는 젊으나 늙으나 나이에 구애받지 않고 그 사람의 수입을 예측할 때 활용되기도 한다. 앞선 연구와 비슷하게 미국 상위 100명의 유명 변호사들의 외모와 수입을 대소한 결과 양의 상관관계를 발견했다는 연구 결과도 있다. 흥미로운 점은 연구진이 그 변호사들의

대학생 시절 사진을 가지고 같은 실험을 진행했을 때도 결과가 같았
다는 점이다.

룰과 암배디는 2011년 그들의 연구 결과를 이렇게 정리했다.

**"인간은 20~50년의 생애주기 동안 나이를 불문하고 그들의 외모
를 통해 미래의 수입을 예측할 수 있다."**

얼굴값으로 리더십을 평가할 수 있다

그렇다면 준수한 외모의 기준은 무엇일까? 2006년 스위스 베른
대학교의 스치스니Sczesny 교수 연구진은 학술지《스위스 심리학저널
Swiss Journal of Psychology》에 사람들은 리더가 남성적일수록 리
더십이 더 뛰어나다고 인식한다는 내용의 연구 결과를 발표했다.

남녀 대학생 72명을 참가자로 선정해 실험을 진행했다. 학생들은
남성적인 얼굴의 남성과 여성, 여성적인 얼굴의 남성과 여성의 사진
을 받았다. 그리고 그들의 리더십이 얼마나 뛰어날지 외모만으로 예
측하게 했다. 그 결과, **얼굴이 남성적인 사람일수록 리더십이 더 뛰
어날 것으로 예측했다.** 이 같은 실험을 통해 연구진은 아무리 얼굴이
예쁜 여성 리더일지라도 보다 남성적인 얼굴을 가진 여성 리더가 리
더십이 더 높을 것이라고 평가받는다는 것을 알 수 있었다.

하지만 항상 이와 같이 외모가 준수해야 리더로서 자질을 높게 평
가받는 것은 아니라는 연구 결과도 있다. 1985년 뉴욕대학교의 헤

일맨Heilman과 스토페크Stopeck는 여성의 경우 앞선 연구와 반대의 효과가 나타난다는 사실을 발견했다. 《응용심리학저널Journal of Applied Psychology》이라는 학술지에 실린 그들의 연구 내용은 다음과 같다.

113명의 직장인에게 한 고위직 간부의 간단한 이력서를 읽게 한 뒤 당사자의 사진을 보여 줬다. 이후 8개 조로 나누어 그 간부가 승진할 때, 예를 들면 직무 처리 능력이나 성실함 혹은 운運 등 과연 어떤 요인이 가장 크게 작용할지를 말해 보라고 했다. 그 결과, 성별에 따라 외모가 미치는 영향은 각각 다르게 나타났다. 남성의 경우, 잘생긴 외모는 그의 능력을 더 높게 평가받는 데 도움이 되어 승진에 유리하다는 평이 많았다. 하지만 여성의 경우, 외모가 아름다울수록 능력을 의심받을 수 있다는 평이 나왔다.

예쁘고 잘생겼다고 무조건 좋은 건 아니다

외모가 이 세상을 살아가는 데 중요한 역할을 하는 것은 사실이지만 그것이 전부는 아니다.

2011년 독일 뮌헨대학교의 아테Agthe 등은 《인격과 사회심리학 공보Personality and Social Psychology Bulletin》라는 학술지에 관련 연구를 발표했다. 바로 평가하는 사람과 평가받는 사람의 성별이 같은 경우 이러한 경향이 나타난다는 것이다. 그들이 진행한 실험에서 남성 평가자는 잘생긴 남성에, 여성 평가자는 아름다운 여성에 더 낮은 점수를 주었다.

또한 준수한 외모의 남성이 좋은 평가를 받는 것은 사실이지만 그것이 지나치면 오히려 악영향을 받는다는 연구 결과도 있다.

2012년 독일 뤼네부르크대학교 파이퍼^{Pfeifer}는 《응용경제학》지에 2008년 독일에서 3,000명의 직장인을 대상으로 조사한 데이터 설문을 기반으로 진행한 연구 결과를 발표했다.

그 조사에는 설문에 답한 사람들의 외모를 1~11점의 범위에서 평가했던 항목이 포함되어 있었다. 이 설문에서는 7.8점의 외모 점수를 받았던 남성 직장인들의 수입이 제일 높았다. 하지만 그보다 훨씬 높은 외모 점수를 받았던 남성 직장인들은 오히려 더 낮은 수입을 얻는 것으로 나타났다. 결국 얼굴에 얼마의 값을 매길 수 있느냐는 질문에 우리는 다음의 4가지 결론을 내릴 수 있다.

① 괜찮은 외모는 수입과 수입이 올라가는 속도를 높인다.

② 여성 리더는 반드시 아름다워야 할 필요는 없다. 남성적일수록 리더십을 높게 평가받는다.

③ 만일 당신이 리더와 같은 성별이라면 외모를 꾸미는 것은 점수를 따는 데 도움이 되지 않는다.

④ 남성의 경우 외모도 중요하지만 너무 잘생긴 얼굴은 예술계에 종사하지 않는 이상 마이너스다.

02 외모와 수입의 미묘한 상관관계

평균 키보다 1센티미터씩 커질수록 수입은 0.6퍼센트씩 증가한다. 그렇다면 키의 값어치는 얼마나 될까?

2019년 6월 아직 영업을 시작하지도 않은 중국의 유니클로 점포 앞은 새로 출시한 티셔츠를 사려는 인파로 개미떼같이 북적였다. 1984년 일본의 히로시마에서 창립된 의류 브랜드 유니클로는 오늘날 전 세계 15개국에 2,000개가 넘는 점포를 보유한 세계적인 회사로 발전했다. 그리고 중국에 600개나 되는 점포가 자리를 잡을 만큼 유니클로는 중국에서 대단한 명성을 자랑한다. 그 중심에는 창업자 야나이 다다시柳井正가 있다. 그가 제시한 브랜딩 방법, 점포 관리, 효율적인 판매 방법은 당대의 판매 시장에 큰 반향을 일으켰다.

여기서 잠깐, 이렇게 대단한 시장 전략과 엄청난 수입을 올린 그의 키가 155센티미터라는 사실을 아는가? 그가 낸 성과와 너무나 대조적이어서 그의 키가 무척이나 작게 느껴진다.

키가 클수록 연봉이 늘어난다

현 사회에서 키는 아주 중요한 경쟁력이 되었다. 결혼 상대를 찾을 때, 아르바이트에 지원할 때 등등 많은 자리에서 키를 보는 경향이 있다.

1990년 피츠버그대학교 심리학과 교수 이레네 한손 프리츠Irene Hanson Frieze는 동료와 함께 애틀랜타대학교의 MBA 졸업생들의 데이터를 조사했다. 데이터 분석 결과 남성은 키가 클수록 연봉이 높다는 사실을 발견했다. 비슷한 나이, 체중, 사회적 신분, 종교를 가진 남성들은 키가 약 1인치(2.54센티미터)씩 커질 때마다 초봉이 약 570달러씩 높아졌다.

단순히 직장인들 사이에서만 이런 결과가 발생하는 것은 아니다. 1998년 네브래스카주의 토머스 영Thomas J. Young과 뉴멕시코대학교의 로렌스 프렌치Laurence A. French 교수는 1948년부터 1996년 사이 미국 대통령의 키를 분석했다. 조사 결과, 해가 갈수록 미국 대통령들의 키가 커지는 추세를 보였다. 1948년 TV를 통한 경선이 전국적으로 전파망을 타자 경선에 참여한 후보자들의 얼굴은 수도 없이 노출됐다. 이러한 탓에 후보자들의 키는 그들의 표심에 적지 않은 영향을 미쳤다. 바로 TV에서 키와 덩치가 커 보일수록 득표수가 늘어나는 효과를 거뒀다. 이런 사실만 놓고 보면 키가 큰 사람들은 언제 어느 상황에서나 우위를 점하는 것처럼 느껴진다. 연봉도, 선거에서의 표심도 항상 그들의 것이었다.

키가 크면 정말로 일도 잘할까?

하지만 정말 키가 크다고 해서 그들을 신뢰할 수 있을까? 키가 큰 사람들이 실제로 더 나은 직무 능력을 발휘할까? 다음의 연구를 통해 알아보자.

1989년 피츠버그대학교의 도널드Donald와 로이드Lloyd 교수는 세계 상위 500위 기업 직원 201명의 회사 내 직위와 키에 대한 정보를 조사했다. 그리고 실제로 **높은 직위에 있는 직원일수록 그보다 낮은 직위에 있는 직원보다 키가 더 큰 사실을 발견했다.** 데이터를 보면 여성 평사원은 평균적으로 키가 162.56센티미터에 머물렀고, 여성 임원의 경우 평균 키가 165.10센티미터에 달했다. 남성 평사원은 평균 키가 177.9센티미터였고 남성 임원의 경우 평균 181.1센티미터로 더 큰 수치를 나타냈다.

1996년 토머스 영과 로렌스 프렌치는 미국 시민들이 고른 '가장 성공한 대통령(링컨, 루스벨트, 워싱턴, 제퍼슨)'과 '가장 실패한 대통령(존슨, 뷰캐넌, 그랜트, 닉슨, 하딩)'의 키를 조사했다. **흥미로웠던 점은 성공한 대통령으로 꼽히는 4명의 평균 키는 약 189.6센티미터였고 실**

패한 대통령으로 꼽히는 5명의 평균 키는 약 179.8센티미터로 더 작았다.

2016년 영국 엑서터대학교 의학부 제시카 티렐Jessica Tyrrell과 동료들은 앞선 연구들보다 더 발전된 기술을 적용해 키의 신비를 파헤쳤다. 이 연구에 사용된 유전자 분석 기술은 '멘델 무작위 분석법Mendelian Randomization'이라고 불리며 오차를 줄이고 실험과 무관한 요인을 배제할 수 있어 제대로 된 결과를 얻을 수 있다는 장점이 있다.

연구진은 UK Biobank(약 50만 개에 달하는 성인 남녀의 생물학적 데이터 베이스)에서 37~73세 사이 119,669명을 뽑아 키, BMI(체질량지수)와 관련된 유전자를 분석했다. 그리고 이와 같은 요소가 사회경제적 지위에 직접 영향을 미치는지 알아보기 위해 5개의 지표로 사회경제적 지위를 구분했다. 학교 교육을 마쳤을 때의 나이, 학위의 종류, 종사한 직업의 종류, 가정의 연 수입과 결핍 지수가 그것이다.

분석 결과, 다른 요인을 배제했을 때 키는 그 사람의 수입에 실제로 직접적인 영향을 미친다는 사실을 알아냈다. 특히 남성은 양자 간 50퍼센트의 상관성이 나타났다. 이 표본에서 남성 키의 표준편차는 6.3센티미터 내외였고, 편차가 커질수록 수입은 최대 2,940유로까지 차이가 났다.

물론 이 결과에 대해 불만이 있을 수도 있다. 가정 형편이 좋을수록 더 좋은 음식을 먹고 충분한 영양분을 섭취하여 키가 더 클 수 있을 뿐 아니라, 직업을 고를 때도 더 좋은 조건에서 시작할 확률이 높아지기 때문이다. 바꿔 말하면 키와 수입은 후천적 현실에 따른 결과론적 해석에 불과하다는 반론을 충분히 제시할 수 있다.

연구진은 이러한 변수를 제거하고자 실제의 키가 아닌 유전적 영향을 받은 키를 계산한 수치를 반영했다. 그리고 이번에도 키가 1센티미터씩 커질 때마다 연 수입은 179유로씩 증가한다는 같은 결과를 도출했다.

2009년 암스테르담자유대학교의 피터[Petter] 교수 연구진은 스웨덴 남성 45만 명에 관한 데이터 표본을 추출했다. 그리고 키와 수입의 상관관계를 해석하기 위해 키를 다음과 같이 각기 다른 3개의 변량과 대조했다.

1) 조절 요소(가정환경과 인식)

부모가 만든 가정환경과 인식이라는 요소는 제공된 영양 공급 정도나 교육 수준과 같은 형태로, 아이의 키와 지능을 비롯한 전체적인 성장에 큰 영향을 미친다.

2) 매개 요소(비인지 능력)

신체 능력, 매력, 참을성, 리더십 같은 비인지 능력은 아이가 자라 성인이 된 후에 수입을 얻는 과정에서 순기능을 한다.

3) 선택 경향(차별 수용)

상대적으로 키가 작은 사람들은 어떤 유형의 직업군에서 키를 중요시 한다는 사실을 받아들이고 아예 이러한 직업을 가지려고 하지 않는다.

어쩌면 회사에서 아예 키가 작은 지원자를 뽑지 않아서 이런 상황이 생겼을 수도 있다.

이를 바탕으로 스웨덴에서 모은 448,702개의 데이터는 앞서 말했던 결과와 같은 경향을 보였다. 남성의 경우 키가 10센티미터 커질 때마다 수입은 6퍼센트씩 증가했다. 여기서 피터는 조사 대상 남성들의 형제에 대해서도 같은 조사를 했고 결과는 똑같았다. 하지만 실제로 남성들의 키와 수입은 양의 상관관계였고, 이는 사실 가정환경의 영향을 많이 받았던 것으로 밝혀졌다.

부모의 정치, 경제적 요인(예를 들면 부모의 수입과 교육 수준)의 지수가 1씩 증가할 때마다 아들의 키와 수입의 양의 상관관계 지수는 6분의 1씩 감소했다. 따라서 부모의 교육 수준이 높거나 수입이 높다면 그 아들의 수입은 키의 한계에서 벗어날 수 있다는 것이다.

또 다른 사실은, 키가 평균보다 작을수록 수입이 키의 영향을 많이 받았고 평균보다 큰 경우(스웨덴의 경우 평균 키는 약 180센티미터였다) 수입이 더 높아지진 않았다는 것이다. **흥미로운 점은 '성공한' 사람들의 키는 그들의 '실제 키보다 큰 것'으로 사람들이 예측한다는 것이**

다. 호주 국립대학교 심리학과 폴 윌슨[Paul R. Wilson] 교수는 1986년 이런 실험을 한 적이 있다.

실험에 참여한 대학생 110명을 임의로 5개 조로 나눈 뒤 수업을 진행할 선생님에 대해 이렇게 소개했다.

> 오늘 모신
>
> 잉글랜드 선생님은 스탠퍼드대학교에서 온 '학생'입니다……
>
> 잉글랜드 선생님은 스탠퍼드대학교에서 온 '조교'입니다……
>
> 잉글랜드 선생님은 스탠퍼드대학교에서 온 '강사'입니다……
>
> 잉글랜드 선생님은 스탠퍼드대학교에서 온 '부교수'입니다……
>
> 잉글랜드 선생님은 스탠퍼드대학교에서 온 '교수'입니다……

윌슨은 학생들에게 잉글랜드 선생님이 할 수업은 데이터에 관련된 수업이기 때문에 그에 대한 소개를 들은 후 키를 예측해 보라고 했다. 실험 결과, 학생 신분 잉글랜드의 키는 약 176.53센티미터였고 조교, 강사, 부교수 신분으로 갈수록 그 예측치는 높아졌으며 교수 신분의 경우 무려 183.64센티미터라는 예측치를 얻었다.

그러므로 키가 작다고 실망하지 마라. 능력을 기르면 타인의 상상 속 자신의 키는 커질 것이다. 못 믿겠다면 지금 떠오르는 아무 유명 정치인이나 기업가의 키를 예상해 보고 실제 키와 비교해 보자.

1992년 캐나다 맥매스터대학의 필립 하이맨[Philip A. Highman] 교수와 윌리엄 카멘트D. William Carment 교수는 정치적 성공 여부가 대중이 그들의 키를 판단하는 데 영향을 미친다는 것을 연구로 증명해냈다.

그들은 1988년 대선 전후 캐나다 총리의 키에 대해 시민들이 예측한 수치를 조사하여 오타와시의 공식 데이터로 모았다. 당시 터너Turner 후보자와 브로드벤트Broadbent 후보자의 낙선 전 키 예측치는 각각 약 182.85센티미터와 177.27센티미터였다. 하지만 경선이 끝나고 낙선 소식이 알려진 후에 수치는 각각 181.58센티미터와 175.56센티미터로 낮아졌다. 반대로 당선 전 멀로니Mulroney 전 총리의 경우 181센티미터였지만 당선 결과 발표 후 그 수치는 183센티미터로 올라갔다. 이렇듯 사람들은 큰 포부와 함께 민심을 얻은 사람은 그만큼 키도 클 것으로 예상한다.

이런 현상은 나폴레옹 콤플렉스Napoleon complex에서 유래되었다. 제2차 대불대동맹전쟁 동안 나폴레옹은 4만 대군을 이끌고 험준한 알프스산맥을 올라 오스트리아를 기습했다. 나폴레옹은 냉혹한 얼굴로 앞발을 구르는 사나운 말을 손쉽게 다뤘을 뿐만 아니라 모든 군대를 완벽하게 진두지휘했다. 나폴레옹은 이렇게 외쳤다.

"나는 이 알프스산맥보다도 크다!"

'나폴레옹 콤플렉스'는 몇몇 키가 작은 남성들의 성공에 대한 욕구가 높은 것을 두고 생겨난 말이다(나폴레옹은 작은 키로 잘못 알려져 있지만 실제로는 170센티미터로 도리어 좋은 체격에 속했다). 그들은 키에서 오는 불리함을 명성을 쌓아 극복하려는 경향을 보인다. 그들의 입장에선 가장 합리적인 선택이라고 할 수 있다.

정리하면 키가 클수록 영역을 불문하고 상대에게 좋은 첫인상을 줄 수 있다는 것이다. 직위도 수입도 키가 크면 남들보다 더 높아질 가능성이 크다. 그렇다고 **키가 작다고 슬퍼할 일은 아니다. 당신의 명성이 높아지면 높아질수록 사람들은 당신을 더 큰 키로 인식할 것이다.**

'립스틱 경제'의
셀프 응원 효과

여성들이 경제 불황기에 화장품을 더 많이 사는 이유는 남을 위한 것이 아니라 '자신'을 위한 것이다. 경제 불황기에는 연봉은 줄어들고 실업률이 올라가는데도 립스틱과 아이라이너, 새 옷들이 더 많이 팔리는 아이러니한 현상이 발생한다. 경제학자들은 이 같은 비합리적 현상에 '립스틱 경제'라는 이름을 붙였다. 심리학자들은 이 같은 소비 행태가 스스로를 격려하는 효과를 준다고 말한다.

불황일수록 립스틱 판매가 늘어난다

시간은 2008년으로 거슬러 올라간다. 전 세계가 금융위기에 빠진 당시 미용업계의 선두주자 로레알L'OREAL은 신기하게도 매출이 줄지 않았고 오히려 약 5.3퍼센트 증가했다. 당시 기자들은 이를 두고 '립스틱 효과'라고 명명했다. 텍사스 크리스천대학교의 심리학 교수 힐 Hill 연구진은 '립스틱 효과'의 실재를 증명했다.

2012년 《인격과 사회심리학》지에 '경제 위기에 불안감을 느낀 여성들은 화장품을 더 사고 싶어 한다.'라는 연구 결과가 실렸다. 연구를 위해 모집된 82명의 여학생과 72명의 남학생은 각각 한 편의 글을 읽었다. 그중 절반에게는 《뉴욕타임스》에 실린 2008년 '경제 위기'에 관한 글을 읽어 당시의 불안감을 체험하게 했다. 나머지 그룹에는 《월스트리트저널》에 실린 당대 건축 양식에 대한 글을 읽도록 했다.

그러곤 학생들에게 유행하는 2가지 용품을 보여 주고 그중 하나를 고르게 했다. 하나는 유행하는 옷이나 립스틱 같은 외모를 꾸미는 데 사용되는 용품이고, 다른 하나는 마우스나 스테이플러 같은 일상용품이었다.

앞서 경제 위기에 관한 기사를 본 남학생들은 물건을 사고자 하는 욕구가 감소했음을 보였다. 반면 여학생들은 달랐다. 경제 위기에 관한 기사를 읽지 않은 경우엔 일상용품 구매에 대한 욕구가 약 3.98점 (7점 만점), 화장품에 대한 구매 욕구가 4.97점이었다. 하지만 경제 위기에 관한 기사를 읽은 여학생들은 일상용품의 경우 3.47점으로 낮아진 데 반해 화장품은 6.19점으로 대폭 상승했다.

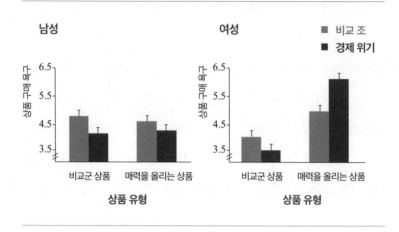

[그림 2-1] 경제 위기가 상품 종류에 따른 구매 욕구에 미치는 영향

불황임에도 외모를 꾸미는 데 돈을 아끼지 않는 이유

경제 위기가 닥쳐왔음에도 여성들이 외모를 꾸미는 데 돈을 아끼지 않는 이유는 무엇일까? 힐 교수팀은 이를 인류가 옛날부터 성별에 따라 해 온 역할과 연관 지어 해석했다.

아주 먼 옛날 사냥과 곡식 재배가 주 생활원이었던 초기 인류 시절, 당시의 경제 위기는 곧 가뭄이었다. 신체적으로 남성보다 불리했던 여성들은 건장한 남성에게 의지해야만 먹을 것을 얻을 수 있었다. 그리고 남자들은 아름다운 여성들에게 더 많은 도움을 줬다. 이와 같은 본능은 시대를 거슬러 현시대에 반영돼 많은 여성들이 남자를 유혹하기 위해 화장품을 산다는 것이다.

하지만 이탈리아의 보코니대학교 넷차예바Netchaeva 교수와 미국

114

노트르담대학교의 리스^{Rees} 교수는 다른 견해를 제시했다. 지금의 생활은 원시 부족 시절과는 완전히 다를 뿐 아니라 성별에 따른 구시대적 직업 분류법은 무너진 지 오래라는 이유에서다.

이제는 점점 더 많은 여성이 다양한 직군에 분포되어 있고 또 자기계발에 힘쓰는 세상이 되었다. 따라서 실제로 경제 위기가 도래했을 때, 현대의 여성은 남성에게 의지하지 않고도 충분히 스스로 생존할 수 있으므로 그와 같은 설명은 맞지 않는다고 보았다.

넷차예바 교수팀이 주목한 것은 **여성에게 아름다움이란 상대를 유혹하기 위한 수단이 아닌 직업적 성공을 돕는 도구로 인식된다는 점이다.** 하버드 의대 심리학 교수 에트콥^{Etcoff} 연구진은 여성이 자연스럽거나 직장에서 할 법한 화장을 할 경우, 그들의 능력치를 더 높게 평가받는다는 사실을 발견했다. 아름다울수록 일이 더 잘 풀린다는 것이다.

넷차예바 교수는 이 점에 주목했고 2016년 《심리과학》지에 '경제 위기에 여성이 화장품을 구매하는 것은 남성을 유혹하기 위해서가 아닌 직장에서의 경쟁에 도움이 되기 때문이다'라는 연구 결과를 발표했다.

넷차예바 교수와 리스 교수는 여학생 104명을 대상으로 한 실험을 통해 이를 증명했다.

여학생들은 먼저 현재의 경제 상황이 미래에 좋아질지 나빠질지

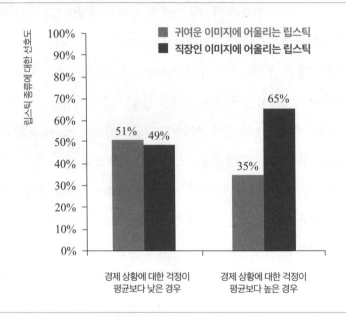

[그림 2-2] 경제 상황에 따른 여성 선호도 립스틱의 성향

■ 귀여운 이미지에 어울리는 립스틱
■ 직장인 이미지에 어울리는 립스틱

립스틱 종류에 대한 선호도

100%
90%
80%
70%   65%
60%
51% 49%
50%
40%   35%
30%
20%
10%
0%

경제 상황에 대한 걱정이   경제 상황에 대한 걱정이
평균보다 낮은 경우   평균보다 높은 경우

에 대한 생각을 각자 이야기하게 했다. 그리고 학생들에게 '남성에게 어필할 만한 귀여운 이미지에 어울리는 립스틱' 사진을 보여 주었다. 물론 립스틱 색깔에 대한 개인 취향은 다를 수 있으므로 그 아래엔 "이 립스틱은 연봉을 올려 주진 못하지만 원하는 남자를 가질 수 있게 해 줄 거예요."라는 말이 쓰여 있다. 다른 립스틱은 '직무 능력을 끌어올리는 직장인 이미지에 어울리는 립스틱'으로, "이 립스틱으로 지나간 사랑은 잊고, 높은 연봉을 쟁취하세요."라고 적혀 있다.

결과적으로 현 경제 상황이 그다지 불안하지 않다고 생각한 여학생들은 두 립스틱에 대한 선호도가 반반이었다. 첫 번째 립스틱의 경우 49퍼센트였고 두 번째 립스틱의 경우엔 51퍼센트였다. 하지만 경제 상황 악화를 우려했던 여학생들의 '연봉 상승 립스틱'에 대한 선호도는 65퍼센트로, 35퍼센트에 그쳤던 '남자에게 어필하는 립스틱'보다 더 높은 경향을 보였다.

이처럼 경제 상황에 대한 스트레스는 화장을 통해 '경쟁력'을 확보하려는 여성의 행동을 유발한다. 주위에 경제 상황이 좋지 않은데도 불구하고 화장품에 적지 않은 돈을 쓰는 여성이 있다면, 그는 지금 자신에게 투자하는 중이다. 그러니 여성이 화려하게 꾸민다고 해서 남성에게 잘 보이려는 행위라고 단정 짓지 마라. 그들은 자신의 가치를 높이는 중일 가능성이 크다.

똑같이 나눠도
어딘가 불공평한 돈

과연 어떤 분배 방식이 공평하다고 할 수 있을까? 많은 사람은 똑같은 비율로 나누면 된다고 생각할 테지만 사실상 '돈'을 같은 비율로 분배하기는 어렵다.

자신이 회사 사장이라고 가정해 보자. 총 2천만 원의 상여금을 10명의 우수사원에게 나눠 줘야 할 때 과연 어떤 방식으로 줘야 사원들이 공평하다고 느낄까? 이 문제에 관해 토론토대학교 드보DeVoe 그리고 컬럼비아대학교 아헹가Iyengar의 연구를 2010년 《심리과학》지에서 찾을 수 있었다.

돈을 나눌 때와 물질을 나눌 때 사람들의 반응

268명이 참여한 이 실험은 돈과 물질을 나누는 것은 서로 다르다는 내용으로 진행되었다. 먼저 실험에 참여한 사람들은 다음과 같은 내용의 자료를 읽었다.

한 기업의 총재가 실적 보고서를 받았다. 이 보고서에서 영업 부분의 실적이 특별히 우수한 것으로 나타났다. 사원들을 격려하기 위해 총재는 우수사원 10명을 선정해 보상을 주기로 했다. 실험에 참여한 사람들은 각기 다른 보상에 관한 사례를 들었다. 어떤 이야기에서 사원 10명은 각각 2만 달러의 현금을 받는다. 또 다른 이야기에서 사원들은 각자 20일의 휴가를 얻는다. 또 어떤 이야기에서는 각각 초콜릿 20상자를 받는다.

그렇다면 이런 분배 방식이 과연 공평하다고 할 수 있을까? 조사 결과 실험 참가자들은 돈을 공평하게 나눈 것을 두고 공평하지 못하다고 생각했다. 하지만 휴가나 초콜릿에 대해서는 공평하다고 느꼈다.

왜일까? 연구진은 휴가나 초콜릿 같은 보상 방식은 모든 사람이 **필요한 정도가 비슷한 '실용적인 성질'을 가진 데 반해 돈은 '교환적 성질'이 더 강한 것이 그 원인**이라고 말했다. 따라서 돈은 얼마나 실적에 기여했는지와 같은 노동의 양에 비례해 분배하는 것이 더 공평하다고 인식했다.

만약 500만 원을 가지고 어려운 동네 주민들에게 모두 똑같이 나눠 주는 것은 최선이 아니라고 생각될 것이다. 가정 형편이 제각각 달라 더 못사는 집에 조금이라도 더 주고, 더 잘사는 집에 덜 주는 것이 더 공평한 방법이 될 수 있다. 하지만 500만 원이 아니라 사과 20박스를 가지고 집집마다 같은 개수를 나눠주는 것은 공평한 방법이 될 것이다.

두 번째 연구 또한 앞선 연구와 같은 방식으로 진행됐다. 하지만 여기서는 현금 2만 달러가 아닌 포인트 2만 점으로 바뀌었다. 그러자 한 조는 포인트가 가진 다양한 상품 교환 가능성에 초점을 뒀고, 다른 한 조는 포인트로는 오로지 정해진 물건밖에 사지 못하는 제한적 기능 중심으로 상황을 해석했다. 이를 통해 똑같은 크기의 포인트였음에도 불구하고 누군가는 교환적 가치를 중요시하여 현금과 다름없다고 느꼈다. 그렇다면 포인트를 모두가 같은 크기로 나눠 가지는 것은 과연 공평한 분배라고 느껴질까?

'교환적 가치'에 집중한 사람들은 돈을 같은 크기로 나누는 것이 불공평하다고 말했고, '실용적 가치'에 집중한 사람들은 합리적인 방법이라고 말했다. 똑같이 나눈다고 해서 언제나 공평하게 여기지는 않는다. 실용적 물질을 나눌 땐 똑같이 나눠도 되지만 그것이 돈이라면 동등하게 나누는 것이 꼭 좋은 방법이라고 할 수는 없다.

'숨 막히는 보상'은 스트레스를 유발한다

때로 돈으로 다른 사람을 격려할 때가 있다. 이때 금액이 많다고 좋은 것은 아니다. 금액이 커질수록 사람들은 오히려 한숨을 내쉴지도 모른다.

어렸을 때 엄마는 만점을 받으면 만 원을 주는 내기를 걸었다. 어른이 되자 사장님은 월말 실적이 가장 우수한 한 명에게 200만 원을 포상하는 제안을 했다. 여기서 엄마와 사장님은 모두 금전적인 수단을 통해 실력 발휘를 하길 기대했다. 하지만 마지막 시험 문제를 푸는 순간에, 월말에 실적을 올리기 위해 고군분투하는 시기에 그들에게 걸린 돈을 떠올리는 것은 과연 실력 발휘에 도움이 될까? 그러리라는 보장은 없다. 오히려 금전 보상이 실력 발휘를 저지하기도 한다.

많은 상금이 실력 발휘에 미치는 영향

미네소타대학교 바우마이스터Baumeister 교수는 1984년에 이미 상금이 클수록 전자오락을 할 때 실력 발휘를 제대로 하지 못한다는 사실을 발견했다.

매사추세츠공과대학교 경제학자 아리엘리Ariely 교수는 인도 남부 지역 현지 주민들을 대상으로 게임에 참가할 사람들을 모았다. 게임에서 더 높은 점수를 획득할수록 더 큰 상금을 받을 수 있다. 가장 낮은 상금은 현지 주민들의 일급과 같은 수준이고, 중간 등급의 상금은 2주에 해당하는 주급과 같은 수준이며, 가장 높은 점수를 받은 사람에게는 5개월분 월급과 맞먹는 상금을 수여한다고 했다.

이 '오락관'에는 총 6가지 게임이 있는데 모든 게임에는 '양호'와

'우수' 두 가지 점수가 매겨져 있다. 중간 등급의 상금을 뽑은 사람은 모든 게임에서 양호 수준의 성적만 받으면 20루피를 받을 수 있다. 그리고 우수 성적을 받는다면 그 두 배를 받는다. 하지만 양호 수준에 미달하는 성적을 받은 경우엔 1루피도 받지 못한다. 즉, 모든 게임을 통틀어 최고 240루피(2주분 주급)까지를 받을 수도, 한 푼도 받지 못할 수도 있다.

과연 높은 상금을 뽑은 사람들은 게임에서 더 높은 성적을 올렸을까? 결과적으로 제일 적은 상금을 뽑은 사람과 중간 등급의 상금을 뽑은 사람들의 실력 차이는 아주 미미했다. 따라서 적은 상금도 충분히 실력을 발휘하는 데 도움이 된다는 사실이 드러났다. 하지만 높은 상금을 뽑은 사람들의 성적은 가장 하위권에 머물렀다. 양호나 우수 성적을 받은 사람들의 수는 앞선 두 조에서 해당하는 사람 수를 합한 것의 3분의 1밖에 되지 않았다. 아리엘리 교수는 이를 두고 더 높은 상금 앞에서 사람들은 더욱 긴장해서 더 큰 스트레스를 받는다고 말했다.

다음 '양초 실험'은 이 같은 현상에 관한 연구다. 1945년 독일 심리학자 던커Duncker는 실험에 참여한 사람들에게 한 가지 수수께끼를 냈다. 그 수수께끼는 다음과 같다. '압정 한 상자, 양초 하나를 가지고 양초를 합판벽에 고정시키되, 촛농이 책상 위로 떨어지지 않게 해 보아라.'라는 문제였다.

[그림 2-3] 양초 실험 답안

압정 상자를 도구로 쓸 생각은 하지 못했을 것이다.

정답은 '먼저 압정으로 상자를 고정시킨 뒤 양초를 상자 위에 놓고 불을 붙인다'이다. 이 문제에서 가장 중요한 것은 상자를 도구로 사용했는지다. 양초를 담는 용도로 압정 상자를 쓴다는 아이디어는 창의력이 필요하다. 이 문제는 전형적인 창의력 테스트 중 하나이니 다른 사람에게 써 봐도 좋다.

보상이 크면 클수록 몰입을 방해한다

1962년 심리학자 그룩스버그Glucksberg는 다음과 같은 실험을 했다. 참여자 중 절반은 문제를 빨리 해결할수록 더 많은 상금을 받을 수 있고, 나머지 절반은 상금이 없는 대신 이 실험의 목적이 해당 문제를 해결하는 데 얼마나 시간이 걸리는지를 조사한다는 설명을 들었다. 그 결과, 상금이 걸려 있는 조가 문제를 해결하는 데 더 많은 시간이 걸렸다는 사실이 드러났다.

돈은 만능이 아니다. 돈으로 사람의 능력을 발휘시키는 데는 한계가 있다. 사장이 직원에게 200만 원을 주며 더 열심히 일할 동력을 심어 줄 순 있지만 거기서 더 나아가 훨씬 창의적으로 일하게 할 수는 없다. 이를 두고 '숨 막히는Choking 보상'이라고 부른다. 즉, **외적인 보상이 커질 때 사람들은 오히려 더 성적을 잘 내지 못하고, 더 큰 스트레스를 받는다**는 것을 뜻한다.

체육 시합에서 이 같은 현상은 더욱 잘 드러난다. 사격 대회 역사상 '중국을 가장 좋아하는 미국인'이라 불리는 매튜 에몬스Matthew Emmons에 관한 이야기를 통해 알아보자.

아테네 올림픽 남자 50미터 소총 3 자세 결선에서 그는 아주 코믹한 장면을 연출했다. 당시 1위로 선두를 달리던 에몬스는 중국 선수보다 훨씬 앞서며 가볍게 우승을 거머쥘 수 있는 상황이었다. 하지만 마지막 한 발에서 실수로 옆 사람의 과녁에다 조준하는 바람에 우승을 놓쳤다. 4년 뒤 베이징 올림픽에서도 에몬스는 절치부심하여 다시 금메달에 도전했고 역시나 우승에 가장 가까운 선수가 되었다. 하지만 마지막 한 발에서 4.4점을 맞추며 중국 선수에게 메달을 뺏겼다.

사실 에몬스의 실패에는 원인이 있었다. 올림픽 결승전 무대에서 운동선수들은 모국의 영광을 등에 지고 있다. 특히나 전 세계 관중이 지켜보는 상황에서 우승까지 하면 아주 큰 상금과 함께 경제적으로 여유를 만끽하게 된다. 막중한 부담과 스트레스를 받은 선수들은 우승의 목전에서 재난에 가까운 실수를 범할 우려가 커지는 것이다. 바로 이것을 두고 '스트레스에 질식된다'고 말한다. 마찬가지로 엄청난 액수의 상금을 받을 수도 있는 상황은 아주 쉽게 질식 반응을 불러일으키고 오히려 실력 발휘를 방해한다.

그렇다면 어떻게 상금의 압박에서 벗어나 제대로 된 실력 발휘를 할 수 있을까?

아주 간단한 일에 주어지는 금전 보상은 그 효과가 매우 뛰어나다. 예를 들어 앞서 나왔던 양초 수수께끼를 더 잘 풀게 하려고 연구진은 압정을 일부러 상자에서 빼놓았다. 사람들은 한눈에 봐도 재료가 압정, 양초 그리고 상자 이렇게 세 종류인 것으로 인식할 수 있다. 그 결과, 이전과는 다르게 사람들은 더 쉽게 수수께끼를 풀어냈다. 그리고 약간의 상금이 걸려 있다고 얘기를 들은 경우에는 상금이 없었던 조에 비해 문제를 더 빨리 해결하는 것을 볼 수 있었다. 그에 반해 복잡한 문제일 경우엔 상금이 오히려 더 부작용을 낼 수 있다. 원본 그대로의 양초 수수께끼나 아리엘리의 '오락관', 심지어는 올림픽 경기장에서의 마지막 한 발이 바로 이에 해당한다. 고도의 창의력이나 기술이 필요한 문제를 해결하는 데 상금의 액수는 스트레스를 불러일으키고 정상적인 실력을 발휘하지 못하게 만드는 것이다.

중국에는 "돈만 있으면 귀신도 부릴 수 있다."라는 말이 있다. 하지만 그것도 귀신을 부리는 것만 가능할 뿐 일상생활에서 필요한 창의력이나 집중력이 필요한 일에는 일말의 도움도 얻을 수 없다. 상금 때문에 일을 그르치게 되는 것은 심리적 요인도 있지만 돈을 떠올리는 통에 집중력이 분산되는 요인도 있다.

『장자』에 이런 이야기가 나온다. 노나라에 한 솜씨 좋은 목수가 있었다. 어느 날 그는 나무로 어떤 물건을 만들었는데 그것을 본 사람마다 놀라기 일쑤였다. 모두가 그것이 사람 손으로 만든 물건이라고는 믿지 못했다. 마치 귀신이 만든 것처럼 정교했기 때문이다.

노나라 왕은 이 물건을 두 눈으로 보고도 쉽게 믿지 못했다. 그러면서 이 목수에게 혹시 술법을 사용한 것은 아닌지 물었다. 이에 목수는 자신은 평범한 사람이며 술법 같은 것은 전혀 할 줄 모른다고 답했다. 왕은 이를 믿지 않았고 그에게 어떻게 만들었는지를 다시 한 번 물었다. 목수의 대답은 의외로 간단했다.

"저는 이 물건을 만들 때 머리에 잡념 하나 남기지 않고 온 정신을 집중하느라 이를 통해 얻게 될 명성과 이익까지도 잊었습니다."

일이나 공부, 게임 혹은 글쓰기 등에 집중할 때 사람은 밥 먹는 것도, 잠자는 것도 심지어 시간이 흘러가는 것조차 잊는다. 즉, 자신의 존재조차도 느낄 수 없는 경지에 이르는 것이다. 이러한 상태를 심리학에서 '몰입Flow'이라고 부른다.

하지만 이러한 몰입도 외부에서 오는 보상 같은 요인으로 깨지기도 한다. 보상이 크면 클수록 몰입이 아닌 보상 자체에 관심을 가지기 때문이다. 물론 이것은 사원들에게 경제적 보상을 해 주지 말라는 의미가 아니다. 그저 사원들의 집중력이 분산되거나 스트레스에 질식되는 것을 방지하라는 뜻이다.

높은 연봉과 좋은 사내 복지를 제공하는 것도 이와 마찬가지다. 돈이라는 목적에서 벗어나야만 비로소 사원 개개인이 일에 '몰입'하여 창의성을 제대로 발휘할 수 있을 것이다.

05 돈이 아닌 시간을 기부하는 즐거움

남의 주머니에서 돈이 나오게 하는 일은 절대 쉽지 않다. 하지만 이 방법을 쓰면 생각보다 어렵지 않다는 것을 알 수 있다. 바로 다른 것을 먼저 달라고 하는 것이다.

모든 일에는 다 순서가 있다. 양말을 신은 다음 신발을 신는다거나, 잠금장치를 푼 다음 문을 연다든가 머리를 감은 다음에 말리는 것처럼 어떤 행동에는 절대 변하지 않는 순서가 있다.

스스로를 자선 활동가라고 생각해 보자. 사람들에게 기부금과 함께 기꺼이 자신의 시간을 내어 봉사해 줄 자원봉사자를 모집해야 한다. 이때 먼저 시간을 내어 봉사활동에 참여할지를 물은 다음에 기부 여부를 묻는 게 나을까? 아니면 반대로 묻는 것이 더 나을까? 과연 두 질문의 순서를 바꾸는 것이 돌아올 대답을 바꿀 수 있을까?

돈을 달라고 할 때보다 시간을 달라고 하는 게 쉽다

시간과 돈, 모두 사람의 인생에서 가장 중요한 것들이기 때문에 둘을 바꿔 질문하는 것은 큰 의미가 없다고 생각할지도 모른다. 미국 계몽운동의 창시자이자 과학자인 동시에 독립운동의 선구자인 프랭클린은 그가 편찬한 『부자가 되는 길』에 "시간은 금이다."라는 미국의 역사에 길이 남을 명언을 남겼다.

실제로 생활 속에서 우리는 시시각각 시간의 중요성을 몸소 경험하며 산다. 그런데 돈으로 한 사람의 시간을 살 수도 있다. 그 돈의 액수가 클수록 그 시간을 더욱 값지게 보낼 수 있다. 만일 1시간에 만 원을 받는 일을 한다면 그 사람은 1시간의 값어치를 만 원으로 여길 것이다. 이런 식으로 돈과 시간은 연관 지어지곤 한다.

하지만 시간과 돈은 엄연히 다르다. 시간의 값어치는 돈의 값어치보다 판단 기준이 훨씬 모호하다. 이런 연유로 시간은 때에 따라 돈에 비하면 사용 범위가 훨씬 넓어진다. 시간은 원하든 원하지 않든 계속 흘러간다. 모두에게 주어진 시간은 멈추지 않고 줄어들게 마련이다.

그렇다면 과연 돈을 먼저 달라고 하는 게 쉬울까 아니면 시간을 먼저 달라고 하는 게 쉬울까?

2008년 캘리포니아대학교 리우[Liu] 교수와 스탠퍼드대학교 아커[Aaker] 교수는 이와 같은 문제를 공동으로 연구했다.

연구진은 먼저 대학생 193명을 실험 대상으로 모집한 후 이들을 임의로 3개 조로 나눴다. 학생들은 '호프랩HopeLab'이라는 자선 기구에 대한 설명을 들었다. 이 기구는 만성 질병을 앓는 어린이들의 생활을 도와주는 새로운 기술을 개발 중이었다.

설명이 끝나고 첫 번째 조는 "호프랩의 자원봉사 활동에 어느 정도의 시간을 내어 줄 의향이 있나요?"라는 질문을 먼저 받았다. 그리고 이에 대한 대답 후에는 "호프랩에 기부할 의향이 있나요?"라는 질문을 받았다.

두 번째 조 학생들도 같은 내용이지만 순서를 달리해 질문을 받았다. 마지막으로 세 번째 조 학생들은 질문을 받지 않았다.

계속해서 학생들은 1달러 지폐 10장씩을 실험 참여에 대한 보상으로 받았다. 그 돈에서 얼마를 기부하든 아예 기부하지 않든 그것은 학생들의 자유에 맡겼다. 기부할 생각이 있는 학생은 기부함에 돈을 넣으면 된다.

실험 결과, 첫 번째 조 학생들은 평균 5.85달러를 기부했고 두 번째 조 학생들은 평균 3.07달러를 기부했다. 그리고 마지막 조 학생들은 평균 4.42달러를 기부했다. 이를 통해 '시간을 낼 의향'을 먼저 질문받았을 때 더 많은 돈을 기부한 것을 알 수 있었다.

그 밖에도 연구진은 세 조의 학생들에게 '호프랩 자원봉사'라고 적힌 전단지를 주며 학교에 그것을 붙여 자원봉사자 모집 홍보를 도와 달라고 했다. 그리고 또다시 봉사를 원한다면 이메일을 남겨 달라고 했다. 일주일이 지난 뒤 호프랩의 직원은 이메일을 남긴 학생들에게 연락했다. 그리고 한 달 안에 이들이 호프랩에서 봉사활동을 한 시간이 어떻게 되는지 통계를 냈다.

그 결과, 첫 번째 조의 14퍼센트가 이메일을 남긴 반면, 두 번째 조와 세 번째 조는 고작 3퍼센트밖에 이메일을 남기지 않았다. 첫 번째 조는 이뿐만 아니라 실제 봉사활동에 참여한 인원수도 훨씬 더 많았다. 자연스레 봉사활동 참여 시간도 첫 번째 조가 월등히 높았다.

생각의 작동 메커니즘

왜 시간을 먼저 묻는 것이 더 좋은 결과를 가져올까? 연구진은 이 같은 현상의 배후에 숨겨진 메커니즘을 깊게 파헤쳤다. 그 해답은 결국 '**자신이 시간을 내 남을 돕는 모습을 상상**'하는 것에 있었다. 이러

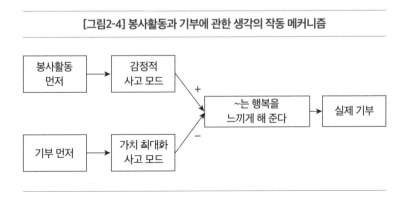

[그림2-4] 봉사활동과 기부에 관한 생각의 작동 메커니즘

한 장면을 상상하는 것만으로도 인간은 큰 행복을 느낀다. 그리고 남을 돕는 것은 곧 행복을 가져온다는 생각으로 연결되어 기부까지 이어지는 것이다.

남에게 돈을 쓰거나 꼭 필요한 사람들에게 기부로 도움을 주는 것이 행복을 느끼게 한다는 사실은 이미 많은 연구를 통해 증명됐다. 던Dunn 교수진이 2008년 발표한 연구에서 기부를 통해 얻은 행복은 한 가정의 연 수입이 배로 늘어나는 것과 같은 행복감을 준다는 사실을 보여 주었다. 하지만 아직도 많은 사람이 이것을 모른다.

실제로 자선 기구에서 일하는 사람이라면 앞서 배운 내용을 활용해 보자. 곧바로 기부할 것인지를 묻기보다는 시간을 낼 수 있는지를 먼저 물어보는 것이다. 그렇게 하면 목표한 금액에 훨씬 빨리 다다를 수 있을 것이다.

형편에 따른
기부 권유의 특별한 방법

사람에 따라 기부를 권하는 방식이 달라야 한다. 형편이 넉넉하지 못한 사람들에게는 '공통'의 목표를 강조해야 하는 반면, 부자들에게는 '개인'의 목표를 더 강조해야 한다.

우리는 일상에서 기부 관련 광고를 자주 접한다. 펀딩을 통해 돈을 모아 한 빈곤 가정을 돕는다든지 하는 것들은 공통의 목표를 강조하는 기부다. 언뜻 보기엔 아주 실용적일 것 같은데 왜 이런 방법이 모두에게 통하지는 않는 걸까?

2017년 컬럼비아대학교 윌리안스Whillans, 던Dunn 그리고 미국 시카고대학교 카루소Caruso는 《실험사회심리》지에 '공통의 목표를 강조하는 기부는 부자들에겐 아무 소용이 없다.'라는 연구 결과를 발표했다.

첫 번째 연구에서 연구진은 2013년 11월 21일부터 2014년 2월 28일까지 한 자선 기구의 사이트에 등록된 185명을 대상으로 조사를 진행했다. 이 사람들은 주어진 설문에 나온 자신의 성별, 연령, 인종, 가정의 연 수입, 재산과 사회경제적 지위 등의 항목에 답했다.

사람들은 설문을 마친 다음 이 자선 기구의 한 광고를 보았다. 이 광고는 수입의 일부를 도움이 필요한 빈곤 가정에 기부하기를 독려하는 내용을 담고 있는 것으로 설문에 참여한 사람들 중 절반은 이 같은 기부를 '모든 사람이 함께 실천으로 옮겨 빈곤 인구를 줄이자' (공통의 목표)는 광고 포스터를 보았다. 그리고 나머지 절반은 '각자 기부를 실천해 빈곤 인구를 줄이자'(개인적 목표)는 내용을 강조하는 광고 포스터를 보았다.

실험 결과 25.9퍼센트의 사람들이 광고 사이트에 뜬 기부 링크를 눌렀고, 각자 집안 형편에 따라 그 반응은 모두 달랐다. 공통의 목적을 강조하는 기부 광고는 연 수입이 약 4~5만 달러인 사람들이 관심을 보였다. 하지만 개인의 목적을 강조하는 기부 광고의 경우 연 수입이 9~10만 달러인 사람들이 참여하는 비중이 더 높았다. 결국 형편이 넉넉한 사람일수록 공통의 목적을 강조하는 광고에는 기부할 의욕을 그리 크게 나타내지 않았다.

기부 광고에 대한 반응이 다른 이유

연구진은 캐나다와 미국의 공공장소(체육관이나 박물관)에서 총 414명을 모집해 다른 실험을 진행했다. 참가자들은 먼저 겉면에 'For You(당신에게)'라고 적힌 첫 번째 봉투를 받았다. 안에는 실험에 참여한 대가로 주는 10달러가 들어 있었다. 그리고 연구진은 'For Charity(기부를 위해)'라고 적힌 두 번째 봉투도 주었다.

참가자들은 첫 번째 연구와 같은 내용의 설문에 참여한 뒤 동일한 광고를 접했다. 절반은 공통의 목적을 위해 기부를 하라는 광고를, 나머지 절반은 개인의 목적을 위해 기부를 하라는 광고였다. 또 원하면 두 번째 봉투에 돈을 기부할 수 있었다. 실험 결과 50.2퍼센트의 참가자들이 기부한 사실이 나타났다. 그리고 마찬가지로 형편에 따라 광고에 대한 반응도 갈렸다.

연 수입이 5~6만 달러인 사람들은 공통의 목적을 강조하는 광고를 본 경우에 더 많은 돈을 기부했다. 하지만 연 수입이 9~10만 달러인 사람들은 개인의 목적을 강조하는 광고에 더 많은 돈을 기부했다. 이번에도 형편이 넉넉한 사람들은 공통의 목적을 강조하는 기부 광고를 보고는 기부 의욕이 감소했다.

왜 형편에 따라 기부에 대한 반응이 달라지는 걸까? 왜 공통의 목적을 강조하는 광고에는 부자들이 지갑을 열려고 하지 않는 걸까? 과거 한 연구에서 이미 이에 대한 답을 찾아냈다. 바로 사람들은 형편에 따라 각자 다른 자아 관념을 가지고 있다는 것이다.

이 연구에 따르면, **수입이 낮은 사람들은 '공공 자아 관념'에 더 강한 경향을 보인다고 한다. 쉽게 말하면, 이들은 자아가 타인과의 사회적 관계를 통해 정의된다고 생각한다는 것이다. 하지만 부자들은 이와는 반대로 자아라는 것은 스스로 통제를 통해 정의된다고 생각하는 경향이 짙다고 한다.** 대중과의 관계로 자신을 인식하는 사람과 자신을 무인도에 비유하며 자신의 존재를 확인하는 사람의 차이다.

기부 광고에서 강조하는 기부의 목적이, 자신이 생각하는 자아 관념과 맞아떨어질 때 사람들은 기부를 결정한다. 따라서 기부 광고에서 무엇을 중점으로 두는지를 관찰하면 그 광고가 어떤 사람들을 대상으로 하는지를 파악할 수 있다.

각자 어떤 광고를 봤을 때 자신이 기부하고 싶어지는지 확인해 보자. 자신의 자아 관념이 부자에 가까운지 아니면 그 반대인지를 알 수 있을 것이다.

기부에 탁월한
미美의 전략

　기부에도 얼굴을 따진다고? 틀린 말이 아니다. 실제로 귀여운 동물이나 아름답고 예쁜 기부 대상자가 더 많은 기부금을 받기 때문이다.

　영국의 학자 팩햄Packham은 "팬더가 멸종되도록 놔둬라."라고 말했다. 그는 왜 이런 끔찍한 말을 했을까?

　팬더의 얼굴이 귀엽게 생긴 덕에 팬더 멸종 방지를 위해 너무 많은 기부금이 모이고 있었기 때문이다. 그래서 다른 못생긴 멸종 위기종에 갈 수도 있는 성금이 전부 팬더에게로 가 버리는 상황이었다. 정말로 사람들은 외모를 가지고 도움을 줄지 말지를 판단하기도 하는 걸까?

2017년 8월 미국 워싱턴대학교 크라이더[Cryder] 교수와 영국 런던대학교 보티[Botti] 교수 그리고 영국 배스대학교 사이모냔[Simonyan] 교수는 《마케팅 리서치[Journal of Marketing Research]》에 한 편의 논문을 게재했다.

이 논문에 소개된 실험에서 연구진은 영국의 한 동물보호센터를 통해 5일간 모금 행사를 진행했다. 그리고 영국의 한 대학에 이와 관련된 포스터를 붙인 뒤 학생이나 직원에게 이 모금 행사에 참여할 것을 권유했다. 그리고 행사에 관심이 있던 사람들에게 동물 책자를 보여 주고 그중 한 동물을 골라 기부할 수 있게 했다. 동물 책자에는 멋지게 찍은 기린과 얼룩말 사진, 그리고 아무렇게나 찍은 못생긴 오리나 붉은털원숭이 사진 등이 실려 있었다.

조사 결과, 멋진 기린이나 얼룩말에 대한 기부금이 무려 전체의 32퍼센트를 차지했다. 이는 17퍼센트에 그친 못생긴 붉은털원숭이보다 훨씬 큰 액수였다. 책자에서 사진이 제일 잘 나온 네 종류의 동물에게 전체 기부금의 64퍼센트가 돌아갔다. 하지만 반대로 제일 못생기게 나온 동물은 36퍼센트를 얻었다. 실제로 심각한 멸종 위기에 처한 다른 동물이 있다는 것을 알면서도 사람들은 동물의 생김새에 따라 기부 여부를 결정했다.

기부에도 뷰티 프리미엄이 통한다

이 같은 현상은 동물뿐 아니라 사람에게도 똑같이 적용된다. 다음에 소개될 연구는 360명의 참가자를 대상으로 진행된 연구다.

실험 참가자들은 구개열 수술을 한 아이 4명의 사진을 보고 각자 후원해 줄 아이를 선택하도록 했다. 참가자 중 절반은 4장의 사진 속 아이들의 외모가 비슷한 사진을 받았다. 하지만 나머지 절반의 참가자는 안젤리카Angelica라는 아주 예쁜 아이의 사진이 들어 있었다.

외모가 비슷한 아이들의 후원 금액은 증세가 가장 심한 베라Vera라는 아이에게 기부되었고, 이는 전체 후원 금액의 45퍼센트였다. 하지만 한 아이가 유독 예뻤던 두 번째 그룹의 경우는 증세가 심한 아이가 있어도, 예쁜 안젤리카에게 후원하기를 바랐다. 안젤리카의 증세가 제일 심하지 않다는 설명을 들은 후에도 이 아이는 여전히 전체의 48퍼센트에 달하는 후원금을 받았다. 하지만 진정 도움이 필요했던 베라는 30퍼센트밖에 받지 못했다.

외모의 영향을 최대한 덜 받으면서 정말 도움이 필요한 사람에게 기부금이 가게끔 하는 방법은 없을까? 이 같은 연구에서 연구진은 같은 조건에서 실험을 진행하되 이번에는 선택 방식을 달리했다. 절반의 참가자들에게는 사진을 보여 준 직후 생각할 시간을 주지 않고 곧바로 후원할 아이를 고르게 했고, 나머지 참가자들에게는 충분히 생각할 시간을 주고 선택하게 했다. 그 결과, 곧바로 아이를 선택해야 했던 사람들은 예쁘게 생긴 아이를 선택한 비율이 더 높았지만, 충분히 생각했던 사람들은 제일 도움이 필요한 아픈 아이를 선택한 비율이 더 높았다.

[그림 2-5] 아이별 후원 금액 비율

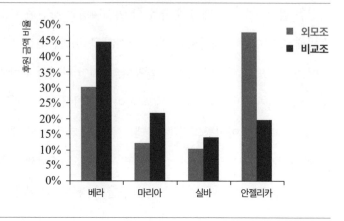

기부도 얼굴을 따진다고? 틀린 말이 아니다. 연구진은 기부에도 '뷰티 프리미엄'이라는 것이 있다고 말한다. 사람들은 본능적으로 외적으로 더 나은 사람에게 도움을 주고 싶어 하기 때문이다. 기부한 돈이 어떻게 쓰이든, 누구에게 얼마를 기부했든, 결국 생김새는 모든 문제에서 우위를 차지할 수 있게 한다. 그렇지만 심사숙고 끝에 기부를 결정하는 사람들은 예외다.

대중의 지갑을 공략하는
'피해자 신원 효과'

구체적으로 어떤 한 사람이 위험과 곤경에 처해 있다는 소식은 듣는 이에게 측은지심을 불러일으킨다. 하지만 불특정 다수의 사람이 위험에 처해 있다는 소식은 생각보다 큰 동정심을 일으키기 힘들다.

1987년 늦가을, 한 살 반 정도 되는 제시카 매클루어Jessica McClure는 발을 헛디디는 바람에 정원의 배수관에 떨어지고 말았다. 이 이야기는 불행을 다룬 일반적인 이야기일 뿐이었지만 매체의 보도를 통해 전 세계의 관심을 받았다. 당시 미국 CNN 방송사는 구조 과정을 생중계로 보도했고 이를 본 전 세계 시청자들은 TV 앞에서 이 아이가 살아 돌아오기를 기도했다. 그리고 56시간의 구조 작전 끝에 성공적으로 아이를 구출할 수 있었다.

아이는 죽음과 싸워서 승리했고 이야기는 여기서 끝나지 않았다.

나중에 이 소식을 들은 미국 전 대통령 조지 부시는 아이를 만나 이야기를 나누었고, 구조 과정 또한 영화 〈Everybody's baby: The Rescue of Jessica McClure(모두의 아기: 제시카 매클루어 구출기)〉로 각색되었다. 그리고 제시카가 25살이 되던 2011년에는 무려 80만 달러라는 후원금이 모이기도 했다.

많은 대중에게 감동을 준 선의의 행동은 그들에게 이성적인 생각으로 그 사건을 대할 수 없게 만든다. 2014년에서 2016년 사이 미국 정부의 공식 데이터를 분석한 결과, 영아 사망률은 약 6퍼센트였다. 즉 매년 평균 2만 명이 넘는 영아가 사망한다는 것이다. 이 작은 생명들은 앞서 나온 제시카만큼의 행운이 없어 그만큼의 도움을 받지 못했다.

왜 사람들은 제시카에게는 그토록 많은 관심과 선의를 보냈으면서 그보다 훨씬 많은 수의 아이들에게는 관심을 덜 보이는 걸까?

우리는 한 명의 특정한 사람을 돕고 싶어 한다

스탈린이 한 말 중에 이런 상황에 잘 어울리는 말이 있다.

"한 소련 전사의 희생은 비극일지라도 몇백 명의 사망은 통계적 수치에 불과할 뿐이다."

인간은 통계적 수치보다는 비극에 기부하길 원한다. 노벨 경제학상 수상자 토머스 셸링Thomas Schelling은 이런 현상을 두고 '피해자 신원 효과'라고 명명했다. 사람들은 곤경에 빠진 특정한 사람을 돕기를 원하지, 불특정한 사람을 돕고 싶어 하지 않는다는 것이다.

이미 많은 연구를 통해 '피해자 신원 효과'의 존재는 증명됐다. 히브리대학교 심리학 교수 코거트Kogut와 리토브Ritov가 2005년《행동 의사결정 저널Journal of Behavioral Decision Making》에 '도움이 필요한 사람에 대한 묘사가 많고 구체적일수록 더 많은 기부를 받는다.'는 주제의 연구를 발표했다.

학생 147명을 6개 조로 나누어 연구를 진행했다. 첫 번째 실험은 학생들이 이야기를 읽는 것으로 시작된다. 이 이야기에는 기부가 필요한 불치병에 걸린 어린아이가 나온다. 그리고 이 아이에 대한 묘사는 총 4개로 나뉜다.

첫 번째 조 학생들이 읽은 이야기에서 아이는 '어린아이'라는 정보를 제외하면 별다른 묘사가 없다. 두 번째 조 학생들이 읽은 이야기에서 아이는 '두 살'이라는 정보가 추가되었다. 그리고 세 번째, 네 번째 조로 갈수록 이야기 속 아이는 더욱 자세하게 묘사되는데 나이뿐 아니라 이름이나 사진까지도 제공되었다. 연구진은 이 같은 서로 다른 상황에서 학생들에게 기부 여부와 기부 금액을 물은 뒤 통계를 냈다. 그리고 이를 통해 학생들의 '기부 의사 지수'라는 것을 만들었다.

이 실험에서 기부 대상이 '어떤 한 어린아이'인 경우에 학생들의 기부 의사 지수는 47.17로 비교적 낮았다. 그러나 묘사가 자세해질수록 더 많은 학생이 이 아이를 돕길 원했다. 아이의 이름과 나이를 알 때 기부 의사 지수는 73.19로 올랐다. 그리고 아이의 나이와 이름과 생김새까지 알 때는 지수가 더욱 상승해 83.90에 달했다. 이와 같은 결과는 이전의 실험들과 마찬가지로 아이에 대한 묘사가 풍부하고 상세해질수록 사람들은 더 많은 도움을 주기를 원한다는 결과를 증명했다.

한 가지 흥미로운 점은 '한 어린아이'가 '여덟 명의 어린아이들'이 되었을 때는 이러한 경향이 변한다는 것이다. 학생들은 여덟 명의 아이들에게 도움을 주기보단 한 명의 아이에게 더 도움을 주길 원했다.

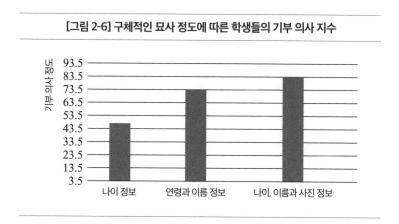

[그림 2-6] 구체적인 묘사 정도에 따른 학생들의 기부 의사 지수

'피해자 신원 효과'는 우리의 감정을 자극한다

사람들은 왜 이렇게 '비이성적'으로 생각하는 것일까? 코거트 교수와 리토브 교수는 바로 두 눈이 감정에 의해 가려지기 때문이라고

말한다.

두 번째 실험은 112명의 학생을 총 4개 조로 나누어 진행됐다. 그중 2개 조 학생들이 읽은 이야기는 한 아이가 아주 무서운 병을 앓고 있으며 마음씨 착한 사람들의 기부가 필요하다는 내용이었다. 그중 한 조가 읽은 이야기에는 아이에 대한 정보가 전혀 들어 있지 않았다.

하지만 다른 조가 읽은 이야기에는 아이의 나이, 이름, 생김새의 정보가 들어 있었다. 남은 두 조가 읽은 이야기는 아이의 숫자가 여덟 명으로 늘어난 것 말고는 앞의 두 조와 동일한 조건에서 실험이 진행됐다. 하지만 이번 실험에서는 학생들에게 이야기를 다 읽고 어느 정도의 슬픔과 동정심을 느꼈는지를 보고하게 했다.

실험에서 아이에 대해 아무런 정보도 얻지 못한 학생들의 기부 의사 지수는 36.1이었다. 하지만 나이 등 각종 정보가 주어진 학생들의 기부 의사 지수는 52.9로 높아졌다. 그리고 추가로 진행된 감정에 관한 보고 결과, 자세한 정보를 들은 한 아이의 경우엔 슬픔과 동정을 더 얻은 사실을 발견했다. 하지만 이는 아이의 숫자가 여덟 명으로 늘어났을 때는 사라지고 말았다.

후속으로 진행된 연구에서 아주 자세한 정보가 담긴 아이의 비참한 이야기를 들었을 때 학생들은 더욱 슬픈 감정을 느꼈고 돈도 더 많이 기부하길 원했다. 아이가 한 명일 때는 기부 금액이 평균 2천 원 정도였지만 아이가 여덟일 때는 그 절반으로 줄어들었다.

결국 슬픔은 '피해자 신원 효과'를 더욱 부각하는 역할을 한다는 것을 알 수 있다. 1996년 암스테르담대학교 심리학자 스타펠Stapel과 벨 튀젠Velthuijsen은 생동감 있고 구체적인 정보는 보는 이로 하여금 과거의 기억을 떠올리게 한다는 것을 발견했다. 그리고 과거의 기억은 익숙함을 자아내 우리의 감정을 자극한다.

감정 이외에도 '피해자 신원 효과'를 연구하는 학자들은 다른 해석을 제시하기도 한다. 예를 들어 피해자에 대한 묘사가 구체적일수록 신뢰도가 더욱 높아진다는 것이다. 피해자가 실제로 그 일을 겪었다는 것을 믿게 된 사람들은 기꺼이 도움을 주려고 한다. 대다수는 만명 중 한 명의 불행보다 열 명 중 한 명의 불행을 더 안타까워한다. 정리하자면, 피해자 신원 효과란 피해자의 신원이 구체적이고 대조군의 수가 적을수록 사람들은 그 피해자가 겪은 불행을 더욱 끔찍하게 느껴 더 많은 도움을 주는 것이라고 할 수 있다.

'측은지심 인개유지惻隱之心 人皆有之'라는 말이 있다. 측은해하는 마음은 누구나 가지고 있다는 뜻이다. 하지만 선의에서 시작된 마음은 맹목적으로 변질되기 쉽다. '피해자 신원 효과'는 여럿의 비극을 경시하고 불행한 개인에게 과도한 관심을 두도록 유도한다. 그리고 이런 선입견에 사로잡힌 사람들은 바로 주변에 있는 가까운 사람들의 고통을 못 본 채 지나치게 한다.

09 기부함을 모른 척하면 나쁜 사람일까?

사람들은 기부를 피하려고 갖은 방법을 동원한다. 어느 날 나는 한 카페에서 커피를 주문한 뒤 결제하는 와중에 계산대에 놓인 투명한 기부함을 보았다. 그 안에는 5위안과 10위안 지폐들이 들어 있었다. 나도 돈을 넣으려고 지갑을 열었는데 고작 1위안짜리만 있었다. 이 돈을 넣을 수도 있었겠지만 그러지 않았다. 돈과 심리학의 관계를 연구하는 학자로서 나는 위의 내 행동을 돌이켜보았다. 왜 그 1위안을 넣지 않았던 것일까? 왜 기부하고 싶어 하면서도 실제로는 기부를 피했던 걸까? 이에 대한 재미있는 실험이 있다.

2008년 캘리포니아대학교 그니지Gneezy 교수는 놀이공원에서 다음과 같은 실험을 진행했다. 어떤 놀이기구에는 탑승객이 눈치를 채지 못하는 구간에 사진을 찍어 주는 기계가 설치되어 있었다. 롤러코스터를 타고 나왔을 때 커다란 스크린에 모두가 눈을 감고 소리 지르는 표정이 찍히는 것을 떠올려 보면 이해하기 쉽다. 만약 이 사진이 마음에 들면 돈을 내고 사진을 구매하면 된다. 이런 경우 가격은 미리 정해져 있는 경우가 대부분이다.

하지만 이 놀이공원에서는 다른 지불 방식을 택했다. 고객이 원하는 가격을 내는 방식이었다. 예를 들어 사진의 가치가 천 원이라고 생각하면 천 원을 내고 사진을 가져가고, 오백 원이라고 느껴지면 오백 원만 내면 되었다. 연구진은 이 놀이공원에서 실험을 진행하되 지불 방식을 약간 더 다르게 했다. 원하는 만큼 내는 것은 같지만 낸 돈의 절반은 중병을 앓는 환우들을 돕는 공익 기관에 기부된다는 조건을 덧붙였다. 이 실험은 이틀 동안 진행되었고 총 25,968명의 탑승객이 놀이기구를 타고 사진에 찍혔다.

여기서 한번 상상해 보자. 이런 상황에서 과연 전보다 더 많은 고객이 사진을 구매할까 아니면 그 반대일까? 그리고 사진값으로 얼마를 낼까? 어쩌면 돈을 내는 방식은 같고 거기다 기부까지 한다니 사진을 사는 사람들이 더 많아졌으리라 생각할지도 모른다.

그런데 결과는 그렇게 간단하지 않았다. 탑승객이 낸 돈의 평균값만 따졌을 때 기부한다는 조건이 추가된 경우 실제로 그 값이 올라갔다. 이전에는 인당 평균 0.92달러를 냈던 반면 절반을 기부하는 조건에서는 그 값이 5.33달러로 올라갔다. 즉, 실제로 돈을 기부한다는 말을 들은 사람들은 자신이 낸 돈이 남을 돕는 곳에 쓰인다는 것을 알게 되자 더 많은 돈을 내길 원했다.

하지만 사진을 사는 사람 수는 크게 줄어들었다. 평소 8.39퍼센트에서 실험이 진행된 이틀 동안에는 4.49퍼센트로 떨어졌다. 지불하는 금액 일부분이 기부에 쓰인다는 것을 알게 된 사람들은 사진을 가지지 못할지라도 이를 포기하고 발걸음을 돌렸다. 이렇게 사진을 포기하는 비율은 평소 91.61퍼센트에서 95.51퍼센트로 상승했다.

이 결과는 사람들이 나쁜 사람보다도 인색한 사람이 되는 것을 더 싫어한다는 것을 보여준다. 도대체 왜 이런 현상이 나타날까? 직접 사진을 구매하는 장면을 상상해 보자. 사진만 구매할 때는 낼 수 있는 가장 적은 금액, 심지어는 10원을 내도 괜찮았다. 하지만 이 돈의 절반이 기부에 사용된다고 할 때도 과연 10원을 낼 수 있을까? 물론 한 푼도 내지 않는 것보다는 낫지만 쩨쩨하게 보일지 모른다는 생각이 들 것이다. 따라서 좋은 일을 하려고 할 땐 돈을 조금이라도 더 내야겠다는 생각이 자연스레 든다.

그 기준이 천 원이라면 그 이하의 잔돈을 가진 경우엔 그냥 사진을 포기해 버리는 편이 낫다고 느끼는 것이다. 인색한 사람이 되느니 차라리 기부를 모른 척 하는 나쁜 사람이 되는 것이다.

비로 이것이 내가 카페에서 1위안을 기부함에 넣지 않았던 이유다. 1위안은 내 기준에 너무 적었기 때문에 그 돈을 기부한들 인색한 사람으로밖에 보이지 않으리라 생각했기 때문이다. 그렇다고 큰돈을 내자니 내심 아깝기도 했다. 따라서 조용히 도망갈 수밖에 없었다. 사람들은 남을 도와줄 때 인색하지 않은 사람으로 보이려고 한다. 따라서 좋은 일을 할 수 있는 상황에서도 인색하게 보일 여지가 있다면 그 상황을 차라리 회피하고 싶어 한다. 마치 처음부터 몰랐던 것처럼 말이다.

미국에는 구세군이라는 유명 자선 기구가 있다. 구세군은 매년 크리스마스에 빨간 모금함을 들고 나와 모금 활동을 한다. 이렇게 모인 기부금은 어려운 이웃을 위해 쓰인다. 2009년 겨울, 캘리포니아 주립대학교 경제학과 교수 제임스 안드레오니James Andreoni와 예일대학교 교수 한나 트래츠먼Hannah Trachtman은 구세군과 함께 진행한 실험을 통해 '기부 회피' 행위를 다시금 증명했다.

이 실험은 월요일에서 목요일 사이 매일 오전 11시부터 오후 7시까지 보스턴의 한 쇼핑센터에서 진행됐다. 이곳에는 두 개의 큰 문이 있는데 고객들은 주차 후 이 두 문을 통해 쇼핑센터에 들어오게 되어 있었다. 이 중 1호 문을 골라 모금 활동을 했다.

1호 문 앞에 선 구세군은 두 방식을 섞어 모금했다. 조용히 서 있다가 기부하는 사람들에게 감사하다는 인사를 하는 '소극적인 방식', 그리고 종을 울리거나 큰 소리로 "안녕하세요! 오늘도 좋은 하루 보내세요! 메리 크리스마스! 함께 어려운 이웃을 도웁시다!"라며 기부를 격려하는 '큰소리를 내는 방식'이었다.

'소극적인 방식'일 때는 매분 0.32명이 모금함에 돈을 넣었고, 매분 약 0.33달러가 모였다. 하지만 '큰소리를 내는 방식'일 경우에는 기부하는 사람이 55퍼센트나 증가했다. 그리고 모금함의 돈도 69퍼센트 증가했다. '소극적인 방식'일 때(92분간 진행) 모인 돈은 평균 29.97달러였다. 이에 반해 '큰소리를 내는 방식'일 때에는 20.67달러가 더 모여 평균 50.6달러로 증가했다.

이런 상황만 보고 과연 '큰소리를 내는 방식'이 더 좋다고 할 수 있을까? 꼭 그렇지만은 않다.

위 두 상황에서 구세군은 모두 1호 문에만 서 있었다. 따라서 주차를 하고 들어오는 고객들은 멀리서부터 눈에 띄는 빨간색 모금함을 볼 수 있었고 구세군 특유의 종소리 또한 들을 수 있었다. 게다가 1호 문으로 들어갈지 혹은 2호 문으로 들어갈지를 선택할 수 있었다.

안드레오니 교수는 이러한 특성을 이용하여 두 문을 통과하는 사람들의 수를 통계 냈다. 단, 한 사람이 들어올 때와 나올 때를 각각 한 번으로 세었다. 구세군은 전체 실험의 절반을 '소극적인 방식'으로, 나머지 절반을 '소리 내는 방식'으로 모금 활동을 했다. '소극적인 방식'이었을 때 1호 문으로 드나든 횟수는 총 2,563회였다. 하지만 '소리 내는 방식'일 때 그 횟수는 1,728회로 크게 줄어들었다. 구세군의 모금을 격려하는 소리는 되려 사람들이 모금을 피하는 결과를 초래했다는 것을 알 수 있었다.

여기에 추가로 진행된 보충 실험에서 안드레오니 교수는 사람들이 모금을 피하지 못하도록 두 문에 모두 구세군을 배치했다. 그 결과, '소극적인 방식'일 경우 1, 2호 문을 드나드는 횟수의 합은 4,682회였고, '소리 내는 방식'일 경우에는 4,084회로 감소했다. 그렇다면 600명은 어디서 왔을까? 알고 보니 이곳에는 주차장에서 훨씬 멀리 떨어진 곳에 후문이 있었다. 사람들은 멀리서 모금 활동 중인 것을 보고 힘들게 돌아 들어가는 것을 감수해서라도 모금을 피하려고 한 것이다.

사람들은 기본적으로 착한 사람이 되고 싶어 하며 천성적으로 남을 돕고 싶어 한다. 따라서 상대가 나에게 돈을 빌리려고 할 때 쉽게 거절하지 못한다. 하지만 그렇다고 돈을 바로 주는 것도 쉽지 않은 일이다. 그렇기에 우리는 '회피'라는 방법을 써서 돈을 빌려주기 싫은 마음을 감춘다. 못 본 체하는 편이 더 낫다고 판단해 버리는 것이다. 소중한 기억으로 남을 놀이공원에서의 사진을 포기하는 것도, 굳이 힘들게 돌아서 후문으로 쇼핑센터에 들어가는 것도 모두 기부금 상자 앞에서 "싫어요"라는 말을 할 수 없기 때문이다.

3장

합리적 소비일까,
함정에 빠진 걸까
돈과 소비 행위

사람들은 서로 다른 돈에 각기 다른 태그를 붙여 분류한다. 생활 필수품에 사용되는 돈, 오락에 사용되는 돈, 인간관계에 사용되는 돈 등 서로 다른 종류로 분류된 서랍이 바로 '심리계좌'다.

한 푼이라도 더 받을 수 있는
과학적인 방법

살다 보면 남에게서 돈을 빌려야 할 때도 있고 연봉 협상이나 투자를 유치해야 하는 상황이 생기기도 한다. 이때 성공적으로 돈을 취할 수 있는 확률을 높이는 비결을 알아보자.

친구가 갑자기 급한 일이 생겨 20만 원을 빌리러 왔다고 해 보자. 선뜻 빌려줄 것인가? 만약 빌리는 돈이 20만 원이 아니라 22만 8,300원이라면 빌려줄 것인가? 과연 20만 원이 빌리기 쉬울까, 아니면 22만 8,300원이 빌리기 쉬울까? 심리학자들은 비록 22만 8,300원이 더 큰 돈이긴 하지만 빌리기는 오히려 쉽다고 말한다. 즉, **정확한 숫자는 신뢰를 더하고 사람들의 지갑을 쉽게 열게 한다.**

코넬대학교 토머스Thomas 연구진은 이 문제에 관해 연구했다. 그들

155

은 2.7만 개의 중고 주택의 거래 내역에 관한 데이터를 추출했다. 그리고 이 데이터에서 판매자가 제시하는 가격이 더욱 정확할수록 (예를 들면 5억이 아닌 5억 5,206만 원) 거래가 성사될 확률이 더 높아지는지는 것을 발견했다. 즉, 사람들은 정확한 가격을 더 잘 수용하며 가격 협상을 할 때도 쉽게 깎지 못했다.

도대체 왜 이런 현상이 발생할까? 여기에는 두 가지 원인이 있다.

첫 번째 원인, 정확한 숫자는 신뢰감을 준다

22만 8,300원은 절대 한 번에 튀어나올 수 있는 숫자가 아니다. 따라서 듣는 사람 입장에선 이 같은 숫자는 매우 구체적이고 신빙성 있게 느껴진다. 집값으로 깔끔한 5억을 제시하는 것보다 5억 5,206만 원을 말하면 왠지 더 믿음이 가고, 합리적인 가격이라고 느껴진다. 사실 정확한 숫자는 비단 가격뿐만 아니라 다른 사람을 설득할 때도 구체적인 장면을 상상할 수 있게 도와준다.

1992년 미국공립과학센터CSPI는 극장에서 판매하는 팝콘의 지방 함유량이 너무 많아 심혈관 질환 등이 발병할 우려가 있다고 발표했다. 하지만 미국 사람들은 이 같은 발표에도 팝콘 소비를 줄이지 않았는데, 그 이유는 바로 너무 추상적이었기 때문이다. 이에 따라 미국 공립과학센터는 같은 정보를 좀 더 세밀하게 가공하여 발표했다. 그들은 "중간 크기 팝콘 하나는 아침에 먹은 베이컨과 달걀, 점심에 먹은 빅맥과 감자튀김, 저녁에 먹은 스테이크를 모두 합친 것보다 많은 양의 지방이 들어 있습니다."라는 광고문구와 함께 음식이 모두 쌓여 있는 사진까지 덧붙였다. 이 공익 광고는 미국인들에게 커다란 충격을 주었고 이후 극장에 팝콘 제조 방식에 대한 항의가 빗발쳤다.

정확한 숫자를 활용하는 것은 앞서 말한 돈을 빌리거나 다른 사람을 설득할 때 외에도 목표를 설정할 때도 유용하다.

전자제품 판매 회사 소니sony는 워크맨을 만들 당시에 개발 목표를 '미니 축음기'가 아닌 '주머니에 넣고 다닐 수 있는 음악 재생 기계'로 설정했다. 케네디 전 대통령은 달 정복에 대한 목표를 세울 때 '달 정복'이라고 하지 않고 '우리의 목표는 10년 안에 인류를 달에 보내고 또 안전하게 돌아올 수 있게끔 하는 것'이라고 했다. 이런 식의 구체적인 목표는 마치 사진을 보는 것처럼 생동적이고 더 현실적으로 느껴져 듣는 사람들의 사기를 높인다.

바꿔 말하면, 예를 들어 모호하게 '우리 대학의 목표는 세계 일류로 거듭나는 것입니다!'라고 외치는 것은 실현 가능성을 전혀 내비치지 못한다. 실제로 의사가 CT 촬영을 할 때 진료 차트에 환자 사진을 붙여 놓으면 환자에게 더 관심을 가지고 진료를 해 준다는 연구 결과가 있다. 환자의 사진을 볼 때 의사는 자신이 진료하는 대상이 추상적인 질병이 아닌 살아 있는 사람으로 자각하여 더 신경 쓰게 되기 때문이라는 것이다.

도움이 필요한 대상이 매우 구체적이고 생동감 있게 묘사되면 사람들은 기꺼이 주머니를 연다. 2002년 한 유조선이 항해하던 중 화재가 일어났다. 선장과 선원 10명은 마침 그 옆을 지나가던 배에 의해 가까스로 구조됐다. 하지만 선장이 기르던 개 '포그'는 배에 남겨졌다. 어떤 사람은 참혹한 배의 잔해 속에서 포그를 봤다고도 했다. 안타깝지만 포그를 구하려면 4.8만 달러라는 큰돈이 필요했다. 하지만 놀랍게도 단시간에 모인 하와이 주민들의 성금 덕분에 해군과 육군이 합동작전을 펼쳐 포그가 구출될 수 있었다.

사람들은 왜 겨우 한 마리의 개를 구출하는데 그렇게 큰 금액을 모금하는 데 주저하지 않았을까? 이 배경에는 여러 매체의 공헌이 숨어 있었다. 미디어에는 테리어 종에 털이 희고 피자를 좋아하며 약 18킬로그램 정도 되는 포그의 외모에 대한 정보가 각종 언론을 통해 퍼져나갔다. 이렇게 자세한 포그의 묘사를 본 사람들의 머릿속에는 자연스레 포그의 상황에 공감하게 됐고 이 가엾은 강아지를 구해야겠다는 생각으로 이어졌다.

이 밖에도 구체적인 정보는 예산을 잡는 데도 사용된다. 많은 사람이 1억이나 5천만 원 같은 딱 떨어지는 숫자를 좋아한다. 하지만 이런 깔끔한 숫자는 불필요한 것까지 포함된 듯한 기분을 들게 해 예산 심사 시에 크게 잘려 나가기 마련이다. 따라서 예산을 책정할 때는 1억이 아니라 1억 3,400만 원 같은 수를 제시해야 깎는 입장에서도 쉽게 깎지 못한다.

행동과학자 말리아 메이슨Malia Mason 연구진은 중고차 흥정에 관한 실험을 했다. 실험은 판매자와 구매자로 나뉘어 진행됐는데 그중 한 구매 조에서는 2,000달러를 제시하도록 했고, 다른 한 조에 서는 1,865달러를 제시하도록 했다.

그 결과, 1,865달러를 제시한 구매자에게는 판매자가 값을 10~15 퍼센트로 적게 올리는 경향을 보였다. 하지만 딱 떨어지는 2,000달러를 제시한 구매자에게는 23퍼센트 넘게 가격을 올렸다. 즉, 정확한 숫자를 들은 상대는 쉽게 가격을 올리지 못했고 이들과의 거래 또한 성사될 확률이 높았다. 판매자는 구매자가 심사숙고 끝에 합리적인 가격을 결정한 것이라 생각하고 쉽게 가격을 올리지 못했다는 것이 연구진의 설명이다.

두 번째 원인, 정확한 숫자는 그 크기를 더 작아 보이게 한다

코넬대학교 연구진은 사람들은 정확한 가격을 더 싸게 느낀다고 한다. 예를 들면 5,230원이 5,000원보다 더 싸게 느껴진다는 것이다. 이렇게만 보면 믿을 수 없을 테니 다음의 예시를 살펴보자.

막대사탕 하나가 얼만지를 물으면 아마 대부분은 500원 정도라고 답할 것이다. 하지만 TV의 가격을 묻는다면? 아마 100만 원 정도라고 답할 것이다. 그 가격이 136만 원이나 172만 원이어도 뒷자리 수는 쉽게 기억에서 잊히곤 한다.

사람은 작은 크기의 숫자에는 매우 민감하다. 버섯이나 양파를 살 때는 백 원 단위만 올라도 가격이 오른 것처럼 느껴진다. 하지만 최신 스마트폰이나 에어컨은 그보다 큰 차이가 나는데도 값이 크게 변하지 않은 것처럼 느낀다.

작은 숫자는 일의 자리만 바뀌어도 쉽게 알아차릴 수 있다. 인간은 작은 숫자야말로 정확하다고 인식한다. 따라서 어떤 숫자가 작은 자릿수까지 나타나 있다면, 그 숫자는 본래의 크기보다 더 작다는 느낌을 준다.

이제 정확한 숫자를 제대로 활용하는 법을 알게 되었을 것이다. 정확한 숫자는 신뢰감을 줄 뿐만 아니라 더 적어 보이게 할 수도 있다.

연봉 협상을 할 때, 투자금을 요청할 때 마음속에 있는 가격에 아주 조금만 더 더해 보자. 주는 사람도 부담을 덜 느낄 것이다. 이 밖에도 집을 조금이라도 더 비싼 값에 팔고 싶을 때, 구매자에게 합리적인 가격이라는 느낌을 주기 위해 딱 떨어지지 않는 정확한 값을 제시할 수도 있다. 정확한 숫자의 힘을 이용하려면 이것 하나만 기억하자.

"숫자는 구체적일수록 믿음을 준다."

왜 바닥의 동전은 줍지 않고 할인쿠폰은 챙길까?

어떤 사람들은 시장에서 채소를 살 때 조금이라도 더 싸게 사려고 흥정을 하지만, 명품 립스틱을 살 때는 제값을 다 주고 사면서도 아까워하지 않는다. 열심히 일해 번 돈은 차마 쓰지 못하면서도 도박으로 딴 돈은 곧바로 유흥에 탕진해 버리는 사람도 있다. 또 어떤 사람은 인터넷 쇼핑을 할 때는 몇백 원짜리 할인쿠폰도 알뜰살뜰 사용하면서 정작 바닥에 떨어진 동전은 귀찮아서 줍기 싫어한다. 이러한 현상은 돈이라고 다 같은 것이 아니라는 사실을 알려 준다.

우리 마음속에 '심리계좌'가 있다

우리는 마음속 여러 계좌에 돈을 나누어 보관한다. '심리계좌Mental Accounting'라는 개념은 2017년 노벨 경제학상 수상자 탈러Thaler 교수에 의해 1985년 처음 등장했다. '심리계좌'라는 것은 쉽게 말해 돈을 분류하는 마음속 서랍이다. 사람들은 서로 다른 돈에 각기 다른 태그를 붙여 분류한다. 생활필수품에 사용되는 돈, 오락에 사용되는 돈, 인간관계에 사용되는 돈 등 서로 다른 종류로 분류된 서랍이 바로 심리계좌다.

다음 2가지 상황을 통해 심리계좌가 생활에 어떤 영향을 미치는지 알아보자.

> **상황 A :** 현장 구매로 티켓을 사서 뮤지컬을 보려고 한다. 티켓값은 만 원이다. 그런데 극장에 도착했을 때 만 원을 잃어버린 것을 알아챘다.

> **상황 B :** 만 원을 주고 뮤지컬 티켓을 구매했다. 그리고 극장에 도착했을 때 티켓을 잃어버린 것을 알았다. 뮤지컬을 보기 위해 현장에서 재구매를 한다면 만 원이 더 필요하다.

이 두 상황에서 나라면 과연 만 원을 내고 다시 티켓을 살지 생각해 보자.

1981년 대니얼 카너먼과 아모스 트버츠키Amos Tversky라는 두 경제학자가 이와 비슷한 실험을 진행했다. 그 결과, 상황 A에서는 88퍼센트의 사람들이 티켓을 산다고 했다. 그리고 상황 B에서는 46퍼센트의 사람들이 티켓을 산다고 했다. 왜 똑같은 만 원이라는 손실을 두고 서로 다른 선택을 할까?

두 상황의 결과가 다른 이유는 바로 상황 A에서 잃어버린 만 원은 '현금 계좌'에 들어 있었고 뮤지컬 티켓을 구매하는 것에 쓰인 만 원은 '티켓 계좌'라는 다른 계좌에 들어 있었기 때문이다. 여기서 전자의 손실은 후자의 손실에 비해 영향력이 크지 않으므로 사람들은 현금을 사용해 티켓을 구매하는 선택을 한다. 하지만 상황 B에서는 이미 만 원을 사용해 티켓을 구매한 뒤 '티켓 계좌'에 돈을 넣어 두었던 사람들이 같은 계좌에 같은 돈을 또 넣어야 하는 상황이 발생한 것이다. 즉, 동일계좌에서 너무 많은 돈을 사용한다고 느낀 사람들 대부분은 티켓을 다시 사지 않는 선택을 하는 것이다.

모든 사람은 저마다 다양한 심리계좌를 가지고 있다. 그리고 심리계좌 안의 돈은 다른 것으로 대신할 수도 없다.

어느 것으로도 대체 불가한 심리계좌

심리계좌의 '대체 불가'라는 특성은 어떤 면에서 드러날까?

첫 번째로, 돈을 얻게 된 계기가 그 돈의 심리계좌를 정한다.

예를 들어 복권이나 도박 등을 통해 예상에 없던 돈이 갑자기 생기면 노력해서 힘들게 번 돈과 쓰는 방식에서 큰 차이가 생기기 마련이나. 고생해서 번 돈은 쓰기 아깝지만 복권으로 얻은 돈은 눈 깜짝할 사이에 써 버릴 수도 있다.

두 번째로, 돈의 용도가 그 돈의 심리계좌를 정한다.

예를 들어 날이 추워져 새 패딩을 사려고 할 때 이미 다른 외투들이 있다면 괜히 돈이 아까운 느낌이 든다. 하지만 엄마에게 생신 선물로 비싼 양털 코트를 사 주는 것은 오히려 뿌듯한 마음마저 들게 한다. 이렇게 다른 생각이 드는 이유는, 나를 위해서 사는 새 패딩은 생활필수품 계좌에 들어간 돈을 사용해야 하는 데 반해 엄마의 생신 선물에 나가는 돈은 감정 계좌에 들어 있던 돈이기 때문이다.

이러한 특성은 영업 업계에서 아주 유용하게 쓰일 수 있다. 예를 들어 4만 원짜리 초콜릿 선물 세트를 팔 때 "초콜릿 선물 세트 어떠세요, 고급지고 맛있어요!"라고 말하기보다 "사랑하는 사람에게 초콜릿을 선물하세요."라고 하는 편이 더 효과적이다. 이렇게 말을 바꿈으로써 같은 4만 원이라는 돈이 '식품 계좌'에서 '감정 계좌'로 옮겨 갈 수 있기 때문이다.

세 번째로, 돈을 저장하는 방식이 심리계좌를 결정한다.

예를 들어 김 씨는 4천만 원을 대출해 차를 샀다. 그리고 그의 계좌에는 나중에 집을 살 때 보태기 위한 4천만 원이 들어 있었다. 왜 그는 그 4천만 원으로 차를 바로 사지 않고 대출금으로 차를 샀을까? 그것은 김 씨의 고정 계좌와 임시 계좌 내의 돈의 성질이 서로 다르기 때문이다.

심리계좌의 개념과 특징을 알면 생활에서 자주 보이는 현상들의 이유를 쉽게 알 수 있다.

심리계좌는 비합리적 소비 습관의 이유를 설명한다

다음은 심리계좌로 보는 다양한 비합리적 소비 습관에 대한 해석이다.

잔돈의 힘: 만 원짜리 지폐는 지갑 속에서 며칠이고 버틸 수 있지만 천 원짜리 10장은 금세 사라진다.

돈에 붙은 다양한 태그: 돈 많은 삼촌에게서 받은 5만 원짜리 지폐에는 '긍정 태그'가 붙는다. 하지만 가난한 사촌이 준 5만 원은 '부정 태그'가 붙는다.

삼촌이 준 돈에 비해 사촌이 준 돈은 아이스크림 같은 잠깐의 행복을 주는 곳에 쉽게 써 버리기엔 아깝다는 생각이 든다.

이 밖에도 심리계좌와 관련된 현상들은 아주 많다. 우리가 하는 모든 소비에는 심리계좌라는 그림자가 드리워져 있다. 그리고 이는 우리 자신도 모르게 소비 습관에 영향을 미친다.

03 말뚝 효과, 말도 안 되는 가격에 속아 넘어간다

원가 부풀리기라는 영업 수법은 꽤 오래됐지만, 아직도 많은 사람이 속아 넘어간다. 원가를 한 줄로 긋고 현재 판매가격을 쓰는 것은 이미 잘 알려진 판매 수법이다. 지워진 원래 가격은 참고용 가격으로, 권장 소비자 가격 또는 희망 소비자 가격 등의 이름으로 불린다.

이것이 존재하는 이유는 소비자들에게 확실한 대비를 줘 할인 후 저렴해진 정도를 파악할 수 있게 하기 위함이다.

그런데 많은 판매자가 허위로 원가를 쓰는 술수를 쓴다. 원가보다 높게 적은 뒤 거기서 다시 할인하면, 소비자들은 오히려 돈을 번 것 같은 착각을 하기 때문이다. 매년 돌아오는 블랙프라이데이 할인을 할 때 조작된 할인가에 속아 얼마나 많은 상품을 구매했는지 돌이켜보자. 꽤 많은 판매점이 할인 전 상품가격을 블랙프라이데이 전보다 아주 많이 올려 허위로 적는다.

알면서도 당하는 '원가 부풀리기'

1985년, 캐나다 걸프대학교 리펠드^{Liefeld} 등은 이 문제에 관해 깊게 파고들었다. 연구진은 신문에서 광고 몇 개를 잘라 207명의 소비자에게 보여 주었다.

이 광고에는 예를 들어 2만 원짜리 청바지를 1만 5천 원에 판매한다는 내용의 광고들이 실려 있었다. 그리고 소비자들은 이 상품의 원래 판매가격이 얼마였을지를 추측해 보았다. 그 결과, 소비자들이 추측한 원 판매가는 실제 가격보다 훨씬 낮은 것으로 나타났다. 즉, 소비자들은 판매자들이 원가를 허위로 높게 써서 할인 효과가 실제보다 커 보이게 하려 했다고 생각한 것이다.

소비자들의 눈은 생각보다 예리하다는 것을 알 수 있다. 1981년 미국 휴스턴대학교 블레어^{Blair}와 랜던^{Landon}은 소비자들이 광고에 나오는 참고 가격을 완전히 믿지는 않는다는 것을 증명했다. 연구진은 여성 소비자 132명에게 평소 가격보다 85달러 더 싸다는 소니 TV 할인 광고를 보여 주고 실제로 얼마가 할인되었을지 맞혀 보라고 했다.

그 결과, 소비자들은 65달러밖에 저렴해지지 않았을 것으로 추측했다. 만약 광고에서 평소보다 16퍼센트 더 할인한다는 말이 나온다면 소비자들은 12퍼센트 정도밖에 할인되지 않았을 거로 생각한다는 것이다.

그렇다면 소비자들이 적시된 판매가격을 믿지 못하는 상황에서 이런 저열한 수법은 더 이상 효과가 없는 걸까? 관련 연구 결과, 소비자들은 이런 수법을 알면서도 당한다고 말한다.

위 두 연구자는 할인 광고에 참고 가격이 나올 경우, 사람들은 훨씬 돈을 아낀 것으로 생각한다고 말한다. 비록 크게 할인된 것은 아닐지라도 원래보단 저렴한 가격에 구매한다고 느낀다는 것이다. 이는 비현실적으로 포토샵을 많이 한 사람의 사진을 보고도 예쁘고 잘생겼다고 생각하는 것과 비슷하다.

어떤 가방의 가격이 99만 원이라고 하면 조금 비싸다고 생각하는 사람들이 있을지 모른다. 하지만 '원가 189만 원'을 덧붙이면 이 가방을 사는 것이 큰 이득처럼 느껴진다는 것이다.

1988년 미국 노스캐롤라이나대학교 얼베니^{Urbany} 등은 〈소비자 연구〉지에 '합리적인 참고 가격과 과대 참고 가격이 소비자의 가격에 대한 인식과 가격 비교 행위에 미치는 영향'에 관한 연구 결과를 발표했다.

대학생 115명을 대상으로 진행된 첫 번째 연구는 RCA라는 브랜드의 19인치 TV 광고를 본 뒤 모의 구매를 해 보는 순서로 진행됐다. 연구진은 학생들을 총 4개 조로 나눴다. 그리고 대조군에 속한 학생들에게는 TV가 319달러라는 현재 판매가격만 적시된 광고를 보여 주었다. 하지만 나머지 3개 조에는 현재 판매가격뿐 아니라 각각 359달러, 419달러, 799달러의 다른 소비자 희망가격(참고 가격)을 보여 주었다. 그리고 학생들은 이 TV의 할인 전 판매가와 실제 가치를 추측해 보도록 했다.

그 결과, 현재 판매가격인 319달러만을 본 학생들에 비해 각각 359달러, 419달러의 희망 소비자 가격을 본 학생들이 예상한 실제 희망 소비자 가격은 훨씬 높게 나타났다. 마찬가지로 TV 희망 소비자 가격을 과다하게(799달러) 적시한 광고를 본 학생들 역시 같은 결과를 보였다. 실제 결과를 비교해 보면, 대조군 학생들은 382달러일 것으로 예상 가격이 비교적 낮았던 반면, 적시한 희망 소비자 가격이 높아질수록 학생들의 예상 가격 또한 각각 409달러, 544달러로 높아졌다. 즉, 희망 소비자 가격(참고 가격)이 없는 광고에 비해 제시된 광고를 본 소비자들이 그 상품에 가치를 더 높게 매긴 것이다.

그런데 어떤 광고는 원래 판매가격을 터무니없이 높게 불러 언뜻 봐도 가짜처럼 보이기도 한다. 이처럼 소비자들이 허위 적시 가격을 한눈에 알아보는 경우엔 아무런 광고 효과를 얻지 못할까?

그럼에도 돈을 번 것 같은 착각을 한다

1988년, 미국 노스캐롤라이나대학교 비어덴Bearden 연구진은 말도 안 되게 비싼 판매가를 가지고 실험을 하게 했다. 111명의 소비자들은 TV의 원래 가격과 시장 최고 판매가를 추측하게 했다. 그 결과,

소비자들은 TV의 원래 가격을 419달러, 시장 최고 판매가는 799달러를 넘지 않으리라 생각했다. 연구진은 또 168명의 대학생을 대상으로 두 번째 연구를 진행했는데, 이는 419달러라는 합리적인 가격과 과장된 가격인 799달러를 동시에 보여 주는 실험이었다.

그 결과, 원래 가격이 함께 써 있지 않았을 때는 19퍼센트의 소비자들만 구매 의사를 보였던 반면, 799달러라는 과장된 가격이 함께 적힌 경우에는 구매 의사를 밝힌 비율이 그보다 훨씬 높았다.

그 밖에도 과장된 원래 가격은 소비자들이 가격 비교를 하지 못하게 막는 효과도 있었다. 소비자들에게 그 상품이 마음에 들 확률을 높여 다른 판매점의 가격과 굳이 비교하지 않게 만드는 것이다. 또한 **참고용으로 표기된 원래 가격이 높을수록 사람들은 의심을 하기도 하지만, 그 가격이 일정 수준 이상으로 높으면 오히려 할인을 많이 해 준다는 착각이 들어 할인가격이 합리적이라고 받아들인다는 것이다.**

2017년 탈러 교수가 제시한 '교환 효과 이론Transaction Utility Theory'은 이러한 현상을 잘 설명한다. '교환 효과'란 사람들이 교환 과정에서 큰 할인을 받는다는 기분을 느끼는 것을 말한다.

겨울을 맞아 보통 품질의 이불을 사는 것을 예로 들어 보자. 이불을 사러 간 곳에서 뜻밖에도 모든 이불이 8만 5천 원에 판매 중인 것을 발견했다. 그리고 이 가게에는 원래 판매가격이 각각 10만 원인

보통 이불, 13만 원인 고급 이불 그리고 15만 원짜리 특대형 최고급 이불이 비치되어 있었다. 이 경우 과연 어떤 이불을 살 것인가?

원래 사려던 것은 보통 품질의 이불이었다. 하지만 당연히 특대형 최고급 이불을 살 것이다. 특대형 최고급 이불을 구매함으로써 얻은 교환의 효용은 더욱 높아진다. 15만 원짜리를 8만 5천 원에 사면 6만 5천 원이라는 할인을 받아 나머지 두 종류의 이불을 사는 것에 비해 훨씬 이득인 것이다. 정리하면, 원래 가격과 현재 가격가의 격차가 크면 클수록 교환의 효용은 커지고 할인가가 더 합리적이라고 느끼게 된다는 것이 교환 효과의 핵심 내용이다.

"사면 돈 버는 거야." 같은 말은 매우 맞는 말이다. 아무도 남들보다 비싼 돈을 주고 같은 물건을 사고 싶어 하지 않기 때문이다. 그렇다고 모든 가격을 비교하는 것은 너무 귀찮은 일이다. 따라서 처음부터 가격을 올려 쓰면 소비자들의 마음속에 말뚝 효과(어떤 사람이나 사실을 판단할 때 처음의 인상이나 처음 들은 관련 정보의 영향을 받는 것)가 생기게 된다.

소비자들은 참고 가격이라는 '말뚝'을 기준으로 할인판매가가 합리적인지를 검토한다. 희망 소비자 가격(참고 가격)이 실제와 같지 않더라도 지금의(할인 후의) 판매가보다 높기만 하면 돈을 벌거나 다름없다고 생각한다.

미국의 유명 백화점 JC 페니는 이렇게 원래 가격을 높이는 할인 행사를 하지 않기로 했다. 백화점 측은 고객들이 원래 판매가격을 최대한 낮추기를 바란다고 생각했다. 따라서 이 백화점은 할인 행사를 하지 않고 매일 최저가에 판매하기로 했다. 최소한의 이윤만을 덧붙인 가격은 백화점의 고객에 대한 약속을 의미했다.

"저희는 원가로 사기 치지 않습니다. 언제나 최저가를 보장합니다."

과연 결과는 어땠을까? JC 페니는 이러한 결정으로 오히려 고객을 잃었고, 15개월이 채 지나지 않아 회사의 주가는 43달러에서 14달러 이하로 하락했다. **고객들은 참고 가격을 잃고 할인의 흔적을 눈으로 확인할 수 없게 되자 자신들이 구매하는 상품이 실제로 할인되었다는 느낌을 받지 못했다. 그리고 JC 페니는 이 개혁 정책의 실패를 인정하고 원가(참고 가격) 부풀리기라는 오래된 수법을 다시 사용하기 시작했다.**

오늘날 원가 부풀리기는 이미 널리 알려진 수법이지만, 사람들은 어쩔 수 없이 걸려든다는 것이 자명한 사실이 되었다.

04 "비싼 것이 좋다"는 말의 진실

왜 어떤 상품은 비싼 제품으로 사고 싶고, 또 어떤 상품은 할인하는 제품만 사고 싶을까? 헬스장 가는 길에 들른 슈퍼에서 에너지 음료를 파는 것을 보았다. 그중 레드불이 원래보다 50퍼센트 할인된 가격에 판매 중인 것을 봤다면 살 것인가?

스탠퍼드대학교 시브Shiv 연구진은 이와 관련된 실험을 하나 진행했다. 연구진은 한 헬스장에서 이제 막 운동을 시작하려는 회원 38명에게 에너지 음료를 마시게 했다. 그리고 그 음료가 2.89달러이며 근처 편의점에서 산 것임을 밝혔다. 하지만 그중 절반에게는 할인가격 0.89달러에 샀다고 말했다. 모든 사람이 음료를 마신 후 운동을 시작했다. 1시간 후, 연구진은 이 사람들을 다시 찾아 피로도를 물었다.

과연 어떤 사람들이 더 피로하다고 느꼈을까? 정답은 반값 음료를 마신 사람들이었다. 이 사람들은 피로함을 더 느꼈을 뿐만 아니라 운동 강도 또한 다른 사람들보다 더 낮추는 경향을 보였다. 그렇다. 할인 행사는 가격뿐만 아니라 소비자들이 느끼는 상품의 효과 또한 깎아내린 것이다.

가격으로 품질을 판단한다

소비자들이 가격으로 품질을 판단한다는 것은 이미 많은 연구를 통해 사실로 밝혀졌다. '싼 게 비지떡'이라는 말이 있는 것만 봐도 그렇다. 1985년 워싱턴대학교 요한슨Johansson과 에릭슨Erickson은 연구를 통해 가격은 지불해야 할 돈의 액수뿐 아니라 물건의 질적 가치를 담고 있다는 것을 발견했다. 연구진은 이런 현상을 두고 '가격-품질 연상 심리Price-quality Inference'라고 명명했다.

소비자들은 상품의 품질을 쉽게 판단하지 못한다. 따라서 가격으로 값어치를 판단한다. 와인 같은 상품을 살 때를 떠올려 보면 쉽다.

본대학교 교수 베버Weber 연구진은 와인 품평 실험을 했다. 이 실험에서 연구진은 참여자 30명에게 각각 3유로, 6유로, 18유로 와인을 주고 품평하게 했다. 사실 와인 가격은 모두 같은 12유로였다.

실험 결과 사람들은 같은 와인임에도 불구하고 가격이 올라감에 따라 맛도 더 좋다고 평가했다. 그뿐만 아니라 와인을 마시는 중인 상태에서 뇌를 자기공명영상으로 스캔하자 비싼 와인을 마신다고 생각할 경우 행복감을 느끼는 것으로 나타났다. 연구진은 이러한 현상을 두고 '마케팅 플라시보Marketing Placebo'라고 명명했다.

마케팅 플라시보는 상품뿐만 아니라 예술에도 적용된다. '곡고화가曲高和寡'라는 말이 있다. 이는 노래가 어려우면 따라 부르는 사람이 적어진다는 뜻이다. 즉, 아무리 뛰어난 예술작품이어도 헐값이면 아무도 관심을 두지 않아 그 가치를 알아보는 사람이 없어진다는 말이다.

미국 《워싱턴 포스트》는 세계적 바이올리니스트 벨Bell을 초청해 금요일 오전 7시 51분 워싱턴 어린이공원 지하철역 입구에서 길거리 공연을 펼쳤다. 뜻밖에도 벨이 43분 동안 심혈을 기울여 바이올린 곡을 6개 연주하는 동안 총 1,097명이 지하철을 타기 위해 세계적인 공연을 무시했다.

사실 벨은 3일 전 보스턴 심포니 홀에서 한 좌석당 적어도 100달러 정도 하는 공연을 했는데, 이때 전석이 매진되었다. 하지만 혼잡한 지하철 입구에서 조금의 관심이라도 바라는 것은 사치였다. 벨은 이 실험에서 23달러 팁을 받았다. 세계 정상급 음악가가 화려하고 엄숙하며 신비로운 분위기마저 풍기는 공연장을 벗어나 지하철 입구 앞에서 헐값이 된 것이다.

미국 내셔널 갤러리 관장 라이트하우저Leithauser는 이에 대해 "만약 내가 추상화의 대가 엘스워스 켈리의 500만 달러짜리 그림 한 점을 들고 갤러리의 52개 계단을 걸어 웅장한 기둥들을 지나 식당에 도착해 그 그림을 한 점당 150달러짜리인 학생들 작품 옆에 걸어놓는다면 아무리 예술적 감각이 뛰어난 평론가일지라도 그 그림을 보곤 '이 그림은 켈리 그림이랑 비슷하군. 거기, 소금 좀 건네주겠나?'라고 할 것이다."라고 말했다.

즉, 품질을 판단하기 어려울 때 소비자들은 결국 가격에 의존할 수밖에 없다. 중요한 수술을 앞둔 환자는 아무래도 비싼 수술비를 부르는 의사에게 수술을 부탁할 것이다. 꼭 이겨야 하는 소송을 하게 된 당사자는 여유가 되는 만큼 제일 비싼 변호사를 쓰려고 할 것이다. 분유를 사려는 소비자도 비싼 게 좋은 것이라고 믿으니, 이러한 상황에서 낮은 가격은 상대적으로 좋지 않아 보인다.

빈부격차가 클수록, 시간 압박이 있을수록

인디애나대학교 랄와니Lalwani 교수와 클렘슨대학교 포컴Forcum 교수는 2016년 조사에서 '인도 사람은 미국인보다 가격으로 품질을 판단하는 경향이 더 크다'는 사실을 발견했다.

연구진은 그 이유를 두 나라 안의 '권력 거리'가 다르기 때문이라고 보았다. 여기서 '권력 거리'란 한 나라 안에서 권력을 가진 사람과 권력이 없는 사람 간의 차이를 의미한다. 만약 한 사회에 속한 사람들 중 권력을 가진 10퍼센트가 사회적 자산의 80퍼센트를 가지고 있다면, 이는 권력 거리가 아주 큰 축에 속한다. 하지만 권력을 가진 10

퍼센트가 사회적 자산의 20퍼센트를 가지고 있다면 권력 거리가 크지 않다고 말할 수 있다.

연구진은 인도인 78명과 미국인 76명을 조사한 결과, 인도인이 미국인보다 자기 나라의 권력 거리가 더 크다고 생각한다는 것을 발견했다. 또한 자국의 권력 거리가 크다고 생각하는 사람일수록 가격으로 품질을 가늠하는 경향이 더 컸다.

이는 국적뿐만 아니라 서로 다른 상황에 있는 사람들에게도 나타났다. 급하게 비행기를 타야 하는데 편의점에서 이어폰을 사 가려는 상황을 예로 들어 보자. 이때 품질이 더 좋은 것을 고르고 싶다면, 아마 가격이 조금 더 비싼 것을 집어들 가능성이 크다. 일리노이대학교 먼로Monroe와 드렉셀대학교 수리Suri는 소비자들은 품질을 판단할 때 시간 압박의 영향을 받는다는 사실을 발견했다.

이 연구는 2003년에 진행된 것으로 이 당시 사람들은 무선 전화기를 사용하고 있었다. 연구진은 실험에 참여한 사람들에게 각각 59달러, 149달러의 두 가지 무선 전화를 보여 주고 품질 평가를 주문했다. 일반적으로 두 전화기를 평가하는 데 걸리는 시간은 평균 3.9분이었다. 하지만 연구진은 이 실험에서 조를 나눠 각각 3.5분, 2.5분, 75초를 주고 평가하게 했다.

그 결과, 사람들은 정말 사고 싶던 상품을 빨리 결정해야 할 때는 주로 높은 가격이 붙은 상품을 골랐다. 비싼 상품에 대한 평가는 시간적 압박이 없을 때는 5.62점(만점 7점)을 받았고, 시간이 점점 줄어들수록 각각 5.94점, 5.97점으로 점수가 올라가는 경향이 나타났다. 시간적 압박이 있을 땐, 비싼 게 좋은 것이라는 생각에 압도당하지만, 시간적 여유가 있으면 가격은 품질에 큰 영향을 미치지 못한다. 이 밖에도 가격으로 품질을 가늠하는 경향은 시간적 거리의 영향도 받는다.

2011년 독일 만하임대학교 홈부르크Homburg와 그의 조교 보르네만 Bornemann은 시간적 거리가 가격-품질 연상 심리에 어떻게 작용하는지를 연구했다.

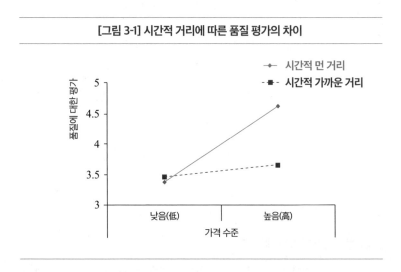

[그림 3-1] 시간적 거리에 따른 품질 평가의 차이

이 연구에 참여한 학생 94명 중 절반은 210유로짜리 e-book 리더기를, 나머지 절반은 95유로짜리 e-book 리더기를 평가했다. (이 두 e-book 리더기는 가격을 제외하면 나머지 사양은 모두 같았다.) 하지만 일부 학생들에겐 그 e-book 리더기를 이틀 후 학교 서점에서 살 수 있다고 말했고, 또 다른 일부 학생들에게는 6개월이 지나야 학교 서점에서 판매를 시작한다고 말했다.

6개월 후에나 학교에서 e-book 리더기를 구매할 수 있다는 말을 들은 학생들은 210유로짜리의 품질을 95유로짜리보다 더 높게 평가했다. 하지만 이틀 후면 학교에서 살 수 있다는 말을 들은 학생들은 두 상품의 품질을 비슷하다고 평가했다. 즉, 학생들은 상품을 얻기까지 시간이 오래 걸릴수록 비싼 물건을 선택할 확률이 높았다.

앞서 소개한 몇 가지 실험은 할인이 무조건 좋은 것만은 아니며 저렴한 가격의 상품이라고 더 잘 팔리는 것도 아니라는 것을 말해 준다. 소비자들은 특정 상황에서 일부러 더 비싼 상품을 구입하며, 그 배경에는 비싼 가격이 품질을 보증해 줄 것이라는 믿음이 자리 잡고 있다. 이러한 행위는 상품의 품질을 오판하게도 만들 수 있으며, 특히 중요한 순간에 더 잘 발휘되곤 한다.

이 밖에도 가격이 곧 품질이라는 생각은 권력 거리가 큰 국가의 사람들에게서 쉽게 찾아볼 수 있으며 시간적 압박이 있을 때도 마찬가지로 나타난다. 또한 그 상품을 얻기까지의 시간이 길면 길수록 비싼 종류의 상품을 구매하는 경향이 나타난다.

05 '비싼' 레스토랑과 '저렴하지 않은' 레스토랑

'저렴하지 않은'이나 '비싼'이나 매한가지라고 생각한다면 오산이다.

친구가 전부터 꼭 가 보고 싶었던 레스토랑에 갔다. 그런 뒤 그 레스토랑의 후기를 들려줄 때 "음식 가격이 저렴하진 않더라고" 혹은 "음식 가격이 꽤 비싸더라고"라고 한다면 두 가지 후기가 각각 무엇을 말하고 싶은지를 알아차릴 수 있겠는가? '저렴하지 않은'과 '비싼' 중 어떤 것이 더 높은 가격을 말하는 것일까?

아래 A~E 중 네 단어 간의 가격 크기를 나타내는 부등호가 알맞게 표시된 것을 골라보자.

A. 저렴한 < 비싸지 않은 < 저렴하지 않은 < 비싼

B. 저렴한 = 비싸지 않은 < 저렴하지 않은 = 비싼

C. 저렴한 < 비싸지 않은 < 저렴하지 않은 = 비싼

D. 저렴한 = 비싸지 않은 < 저렴하지 않은 < 비싼

E. 위 4가지가 다 가능할 것 같다.

만약 A를 골랐다면, 축하한다. 당신은 보통 사람들의 사고방식과 판단 능력이 있다. 당신의 이성적 사고는 결정적 순간에 문제를 해결하는 데 큰 도움을 줄 것이다. 하지만 감성적 측면에서는 아직 더 노력해야겠다. B를 골랐다면, 가격에 민감하지 않다는 것을 의미한다.

C를 골랐다면, 가격에 비교적 민감하고 가정 형편이 평범한 수준이라고 할 수 있다. D를 골랐다면, 가격에 민감하지 않으며 가정 형편이 넉넉한 편에 속한다고 할 수 있다. E를 골랐다면, 소비자 행위 연구 대열에 참여하는 것은 어떤가? 당신의 직감은 연구자 감이다.

왜 이렇게 다른 결과가 나오는지는 다음의 설명을 보면 알 수 있다. 먼저 A를 고른 사람이 비교적 많은 이유는 이 문제가 순서 나열형이기 때문이다. 사람들은 문제를 풀 때 논리적 사고를 통해 문제를 해결하려고 한다. 하지만 이 때문에 일상에서 마주치는 구체적 상황들은 생략되곤 한다. 따라서 가격의 높고 낮음이 순서를 마치 '춥다 < 덥지 않다 < 춥지 않다 < 덥다'와 같은 방식으로 나열해 '저렴한

〈 비싸지 않은 〈 저렴하지 않은 〈 비싼'을 고르는 것이다.

B를 고른 사람은 흑백논리에 빠진 사람일 수 있다. 저렴하지 않은 것은 곧 비싼 것이요, 비싸지 않은 것은 곧 저렴한 것이라고 단순하게 생각한다. 이런 사람들은 평소 가격에 그다지 민감하지 않으며 미세한 가격 차이는 크게 신경 쓰지 않는다. 따라서 대략 '저렴한 = 비싸지 않은 〈 저렴하지 않은 = 비싼'일 것이라는 결론을 내린다.

그렇다면 과연 현실에서도 이런 방식으로 생각할까? 캘리포니아 대학교 심리학과 테일러Taylor 교수는 1991년 실제 생활에서 사람들이 비대칭 방식으로 정보를 대한다는 것을 발견했다. 즉, 같은 가격이라는 정보를 각각 다른 방식으로 처리해 그 결과가 비대칭적으로 나타난다는 것이다. 그리고 이때 앞선 문제에서 C와 D를 고른 사람들 같은 유형이 나온다.

펜실베이니아 주립대학교 바움가트너Baumgartner 연구진은 저렴한 가격을 원하는 사람은 '저렴하지 않은'과 '비싼'을 같은 것으로 생각하지만 상대적으로 '저렴한'과 '비싼' 간의 차이를 더 쉽게 구분한다는 것을 알아냈다. 반대로 비싼 가격을 원하는 사람은 '저렴하지 않은'과 '비싼'을 쉽게 구분하지만 '저렴한'과 '비싼' 간의 차이를 쉽게 구분하지 못한다. 그들이 진행한 실험에서 형편이 넉넉한 사람들은 '저렴한'과 '비싸지 않은'의 차이를 잘 구별하지 못하므로 D를, 형편이 안 좋은 사람들은 '저렴하지 않은'과 '비싼'의 차이를 잘 구별하지 못하므로 C를 골랐다.

이 밖에도 사람들은 물건을 구매할 때 저렴할수록 더 좋다고 생각하지만, 선물을 받을 때만큼은 비쌀수록 좋다고 생각한다. 따라서 물건을 구매하거나 선물을 받는 상황에서 사람들의 가격에 대한 묘사는 당연히 달라진다.

상품 가격에 대한 묘사를 보면 그 사람의 형편이 보인다

아래 두 가지 상황을 상상해 보자.

상황1 : 친구의 생일 선물로 와인 한 병을 주려고 한다. 이때 '저렴한', '비싸지 않은', '저렴하지 않은', '비싼' 4종류의 와인은 각각 얼마일까?

상황2 : 친한 친구에게서 와인을 선물로 받았다. 하지만 이 와인은 왠지 '저렴', '비싸지 않은', '저렴하지 않은', '비싼' 것 같다면 각각 얼마 정도로 느껴질까?

겐트대학교 등 유명 대학의 연구진이 합동 연구를 했다. 실험 참여자 493명은 위와 같은 두 가지 상황에 답했다. 그 결과, 선물을 살 때는 저렴한 것은 5천 원, 비싸지 않은 것은 만 원, 저렴하지 않거나 비싼 것은 모두 3만 원이라는 답이 나왔다. 저렴한 것이 비싸지 않은 것보다 가격이 더 낮게 책정된 것이다. 하지만 선물을 받을 때는, 저렴한 것과 비싸지 않은 것은 대략 5천 원이 나왔지만, 저렴하지 않은 것은 1만 5천 원, 비싼 것은 3만 1천 원이라는 답이 나왔다. 즉, 비싼 것은 저렴하지 않은 것보다 비싸다고 생각하는 경향을 보였다.

이를 통해 사람들은 선물을 받을 때는 가격이 얼마나 비싼지를 더 신경 쓰는 반면, 반대로 선물할 땐 가격이 얼마나 저렴한지를 더 신경 쓴다는 사실을 알 수 있다.

1999년에 앨버타대학교 콜스톤Colston 교수는 이미 앞서 나온 A, B, C, D의 4가지 유형이 대표하는 상황들을 4가지 형식으로 정리한 바 있다. 이는 각각 이중 완화Dual Mitigation, 이중 융합Dual Fusion, 상부 융합Upper Fusion 그리고 하부 융합Lower Fusion이다.

펜실베이니아대학교 심리학과 로진Rozin 교수는 2010년에 제시한 '언어적 긍정 편향 모델Linguistic Positive Bias Model'을 통해 생활에서 '비싸지 않으면서 싸지도 않은'이나 '싸지 않으면서 비싸지도 않은' 같은 말을 쓰는 현상이 꽤 자주 벌어진다고 말했다. 연인에게 "나 오늘 어때?"라고 묻는 말에 "좀 괜찮은데."라고 대답하지, "못생기진 않았네."라고 하지 않는 것과 같다. '괜찮다'는 말은 '못생기지 않았다'보다 더 나은 의미이기 때문이다.

정리하면, 물건을 살 때 상품의 가격이 저렴할수록 좋다는 생각에 '저렴하지 않은'과 '비싼'은 비슷한 의미라고 여긴다. 하지만 값이 점점 비싸질수록 '비싸지 않은'이나 '저렴한' 상품을 비슷하다고 생각하게 된다. 이렇듯 상품 가격에 대한 묘사를 통해 그 사람의 형편을 추측해 볼 수 있다.

06

사치품에 실용성이 가미된 최강의 유혹

어떤 물건을 살 때 그 물건을 사는 진짜 이유에 대해 생각해 본 적이 있는가? 어쩌면 그걸 사는 자신조차 모를 때가 있다.

머리를 자르러 미용실에 갔을 때였다. 미용실 직원은 나에게 안마 서비스가 있다며 안마 서비스 이용권 구매를 권했다. 나는 안마를 좋아하는 사람이므로 결제를 하고 싶었지만 가격을 듣고는 망설여졌다. 이 직원은 타인의 심리를 잘 간파하는 사람이었고, 내가 망설이자 "교육에 종사하는 분들은 허리가 좋지 않은 경우가 많은데, 이용권 1장을 구매해 더 편하게 일하시는 건 어때요?"라고 덧붙였다. 이 말에 나는 홀린 듯 결제했다. 직원이 소개한 이용권은 똑같은 안마 이용권인데도 불구하고 하나는 쾌락성이지만 다른 하나는 허리 근육 손상을 방지해 주는, 목적이 서로 다른 것이었다.

당신이라면 과연 어떤 목적의 이용권을 구매하겠는가? 쾌락성 소비는 언제나 죄책감을 안겨 준다. 하지만 이 같은 소비에 목적을 덧붙이면 이야기는 달라진다.

사치품에 실용성을 강조하면 판매가 늘어난다

아주 옛날부터 동양에는 사치를 멀리하고 근검절약을 추구하는 문화가 존재했다. 이러한 문화는 사치품처럼 비싼 물건을 살 때 약간의 후회와 죄책감을 들게 하기도 한다. 이렇듯 소비에 대해 양심의 가책을 느끼는 것을 두고 심리학자들은 '심리적 리스크Psychological Risk'라고 부른다.

양심의 가책을 덜기 위해 우리는 많은 핑계를 대며 '스스로'를 속여 왔다. 앞서 소개한 안마 이용권처럼 실제 목적은 쾌락성이지만 자신에게만큼은 허리 부상을 방지하기 위한 것이라는 핑계를 댐으로써 죄책감에서 조금이나마 벗어나는 것이다. 이는 자신을 속이기 위한 핑계다. 어떤 사람이 내게 왜 안마 이용권을 샀냐고 물어본다면, 나는 당황하지 않고 허리 부상을 방지하기 위해서라고 당당히 얘기할 수 있다. 이럴 경우, 내가 댔던 핑계는 남을 속이기 위한 도구로도 쓰인다.

2016년 하버드대학교 아나트Anar 교수와 컬럼비아대학교 키베Kivetz, 오데드Oded 교수는 사치품에 실용성을 더하면 판매율이 올라간다는 사실을 발견했다. 그들은 이런 현상을 '기능적 변명'이라고 불렀다. 예를 들어 값비싼 시계 광고에 준비성을 강조하고, 명품 만년필 광고에 실용성을 강조한다면 소비자들은 돈을 쓸 변명거리가 생긴다. 광고에 나온 말을 통해 자기 자신뿐 아니라 타인조차 속일 수 있게 된다.

명품 핸드백에 관해 연구한 적이 있다. 인터넷 쇼핑몰에서 1,034개 브랜드의 다양한 가격대의 제품 후기를 모아 비교했다. 어떤 핸드백은 100달러 이하였으나 개중에는 600달러가 넘는 것도 있었다. 연구진은 제품 후기를 실용성과 쾌락성 두 유형으로 분류했다. 예를 들어 '세탁의 편리성'이나 '튼튼함', '어깨끈 길이 조정 가능', '들고

[그림 3-2] 핸드백에 대한 인터넷 후기에 사용된 실용성, 쾌락성 단어의 양

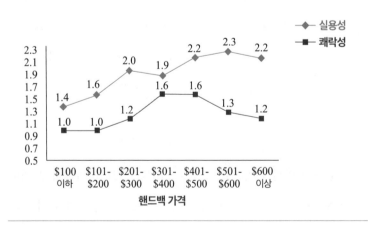

다니기에 적당한 무게' 등의 평가는 실용성 범주에 들어갔고, '유행하는', '화려함', '귀여움', '시선을 *끄*는' 등은 쾌락성 범주에 들어갔다.

소비자들은 비싼 제품을 살 때 실용성과 쾌락성 중 어느 것에 가치를 둘까?

일반적으로 사치성 핸드백의 경우는 브랜드 가치^{name value}가 붙어 가격이 더 높게 붙거나 아주 독특한 외관 덕분에 큰 인기를 끌어 가격이 치솟을 때가 있다. 반대로 실용성이 높은 핸드백을 원한다면, 사치성 핸드백보다는 저렴한 핸드백을 구입하는 편이 훨씬 나을 것이다. 하지만 이 연구에서, 소비자들은 핸드백 가격이 비쌀수록 실용성 범주에 들어가는 말을 더 많이 사용했다.

'가볍고 들고 다니기 편해서' 핸드백을 산 친구가 있다면, 그 친구의 실제 구매 이유는 그게 아닐 가능성이 크다. 그게 진짜 이유라면 훨씬 저렴한 에코백도 있으니까 말이다.

소비자의 지갑을 열려면 변명거리를 만들어줘라

이렇듯 변명을 덧붙이는 현상은 소비자의 지갑을 열려면 '기능성'을 강조할 것을 알려준다. 즉, 사치성 제품이라고 해서 기능이 떨어지지는 않는다는 것을 보여 주라는 말이다.

다음은 이를 증명하는 연구 내용이다.

이 연구는 임신부 91명을 대상으로 진행됐다. 임신부를 대상으로 한 것은 특히 임신부가 자신을 위해 돈을 쓸 때 더 죄책감을 느낀다는 연구 결과가 있기 때문이다. 실험에 참여한 임신부들에게 유명인들도 소장하고 있는 인터넷에서 유행하는 가방을 보여 주었다. 모든 임신부가 똑같은 가방을 보았지만, 절반의 임신부들에게는 이 가방에 보냉 기능이 있다고 말해 주었다. 그런 후 임신부들에게 이 가방을 자신을 위해 구매할 때와 친구에게 선물할 때의 구매 의사 가격을 물었다.

실험 결과, 자신을 위해 살 때는 평균 63달러를 매겼다. 하지만 여기에 약간의 실용성을 더하자 구매 의사 가격은 93달러로 높아졌다. 하지만 선물용으로 살 때는 반대로 작용했다. 실용성이 없을 때는 평균 98달러를 매겼지만, 실용성을 더하자 오히려 평균 69달러로 떨어진 것이다. 선물할 때는 실용성보다는 쾌락성을 더 추구하기 때문에 실용적인 기능은 오히려 감점 요소가 되었다. 하지만 스스로를 위한 구매는 앞서 말했듯 죄책감을 덜 필요가 있으므로 실용적 기능이 제 능력을 발휘했다.

일회용 기저귀가 처음 중국 시장에 들어왔을 때, 기저귀 회사는 광고에 '덜 불편함'과 '시간 절약'을 카피 문구로 넣었다. 하지만 이에 대한 시장 반응은 미지근했고 기대보다 낮은 판매량을 기록했다. 일회용 기저귀는 부모 자신의 편안함을 위해서 구매하는 사치용품이라

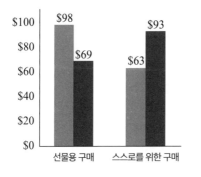

[그림 3-3] 실용성 강조가 구매 의사에 미치는 영향

변명거리 없음
변명거리 있음
(변명: 보냉 기능이라는
실용성)

는 생각에 일회용 기저귀 구매에 죄책감을 느꼈다. 하지만 기저귀 광고가 '건조', '통풍' 등 아기에게 좋은 점을 장점으로 내세우는 광고를 하자 기저귀는 불티나게 팔리기 시작했다. 일회용 기저귀를 쓰는 것이 게을러서가 아닌 아기의 건강을 위해서라는 변명거리가 생겼기 때문이다.

쾌락성 상품을 소비자들에게 어필하기란 쉽지 않아 보인다. 그 상품의 가치뿐 아니라 소비자의 심리적 안정감까지 고려해야 하기 때문이다. '실용성'이라는 변명거리는 바로 여기서 빛을 발한다.

최악의 마케팅, '눈으로만 보세요'

07

심리학자 할로Harlow는 '갠지스강의 원숭이'라는 유명한 실험을 했다. 그는 막 출생한 새끼 원숭이들을 특별 제작한 우리 안에 넣었다. 우리에는 철사로 만든 두 마리의 '엄마 원숭이'가 있었다. 한 엄마 원숭이의 품에는 젖병이 있었고 다른 엄마 원숭이의 품에는 젖병이 없는 반면 철사 표면이 포근한 담요로 덮여 있었다.

새끼 원숭이들이 어떤 엄마 원숭이의 품으로 가는지를 지켜본 결과, 대부분의 새끼 원숭이들은 담요로 덮인 엄마 원숭이의 품으로 갔다. 그뿐만 아니라 연구진이 천둥 같은 기상 효과를 주자, 새끼 원숭이들은 담요로 덮인 엄마 원숭이 쪽으로 피신하는 것을 발견할 수 있었다. 새끼 원숭이들의 이러한 성향은 인간에게서도 똑같이 나타난다. 사람은 태어나자마자 촉각에 예민하게 반응한다. 우리가 만약 촉각을 제어할 줄 안다면 지갑도 안전하게 지킬 수 있다.

촉각은 물건을 사고 싶은 욕구를 부추긴다

촉각을 중요시하는 이러한 성향은 소비 습관에도 영향을 준다. 아주 예전에는 사람들이 물건을 고르면 점원이 꺼내 주는 방식이었다. 하지만 월마트 같은 대형마트가 나타나면서 고객들은 각종 전시된 상품들을 원하기만 하면 꺼내 만져 볼 수 있게 되었다. 촉각을 통한 기억은 그 물건을 사고 싶은 마음을 부추기는 데 한몫했다.

위스콘신대학교 펙Peck 연구진은 촉각이 소비에 어떤 영향을 미치는지를 연구하기 위해 231명의 대학생을 대상으로 실험을 진행했다.

실험 참가자들 앞에는 상품 2개가 놓였는데 하나는 스프링 장난감이고 다른 하나는 커피잔이었다. 절반의 학생들은 이 상품들을 만져 볼 수 있었고 나머지 절반은 만져 볼 수 없었다. 상품을 관찰한 후 각 물건에 대해 평가를 했다. 평가 항목에는 그 상품을 가지고 싶은 정도와 상품에 대한 구매 의사 가격도 포함됐다. 평가 결과, 상품을 관찰할 때 만져 볼 수 있었던 학생들이 그렇지 않은 학생들보다 두 상품 모두를 더 갖고 싶어 했으며, 구매 의사 가격 또한 더 높게 매겼다.

2009년 미국 《타임스》지에는 다음과 같은 소비자들에 관한 충고

가 실린 적이 있었다.

"만약 물건을 구매하고 싶은 욕구를 참지 못하겠다면 주머니에 손을 넣으십시오. 물건을 만지지 못하면 그걸 사고 싶은 마음도 줄어들 것입니다. 반대로 당신이 마트 점원이라면 손님이 물건을 만지지 못하도록 하는 것은 별로 좋지 않습니다. 가능한 한 상품에 대해 많은 정보를 얻을 수 있도록 물건을 만지게 놔두는 편이 판매 실적을 올리는 데 도움이 될 것입니다."

촉각은 사람과 상품 사이뿐만 아니라 인간관계에서도 적용된다. 1992년 이스라엘대학교 호닉Hornik 교수는 접촉을 하면 설득될 가능성이 더 크다고 말했다. 연구진은 스태프 4명에게 슈퍼에서 신제품을 판매하는 점원인 척 연기를 시켰다. 그리고 줄 선 사람들에게 신제품 시식을 권했다. 그중 스태프 2명은 고객의 어깨를 살짝 건드리며 시식을 권했고, 다른 2명은 고객에게 말없이 시식용을 내밀기만 했다.

실험 결과, 어깨가 닿은 고객 중 84.6퍼센트가 시식했고, 그중 65퍼센트가 실제로 구매했다. 하지만 어깨가 닿지 않았던 고객은 65퍼센트만 시식했고, 그중 43퍼센트가 구매로 이어졌다. 그런데 요즘처럼 인터넷이 발달한 시대에는 상품에 대한 정보를 소개 문구나 사진으로밖에 판단할 수 없을 때가 많다. 오감 중 가장 예민한 촉각을 제대로 활용하지 못하고 있다.

스타벅스의 고양이 발 컵이 완판된 이유

이를 극복한 성공적 사례가 바로 스타벅스의 고양이 발 컵이다. 첫인상은 그렇게 특별하지 않다. 2개의 층으로 나뉜 투명 유리컵은 다른 곳에서도 흔히 볼 수 있기 때문이다. 하지만 이 컵에 우유나 커피 등 불투명한 액체를 넣으면 귀여운 고양이 발 모양이 선명하게 나타난다. 고양이 발 모양을 본 고객들은 부드럽고 말랑한 실제 고양이의 촉감과 함께 고양이와 관련된 좋은 추억도 같이 떠올린다. 이 유리잔은 스타벅스 공식 홈페이지에서 두 번 판매됐는데, 그때마다 완판되었다.

촉감의 힘은 이렇게나 강력하다. 실제로 만져 보지 않더라도 그 촉각에 대한 기억을 떠올리는 것만으로도 소비자들은 그 상품에 혹하기 때문이다. 혹시 인터넷 쇼핑몰을 운영하고 있다면 상품 소개글이나 사진을 통해 그 상품을 만졌을 때의 느낌이나 재질 등을 자세하게 묘사해 볼 것을 추천한다. 반대로 소비자라면 충동구매를 방지하기 위해 주머니에 손을 넣고 쇼핑을 해 보자.

08

온라인 쇼핑에서
판매자의 함정 피하기

홈쇼핑에서 판매상품 가격을 '하루에 천 원'이라고 하면 구매하고 싶은 마음이 생길까? 비싼 전자제품 광고를 보다 보면 하루에 얼마씩 몇 달을 지불하면 된다고 홍보하는 것을 어렵지 않게 찾아볼 수 있다. 예를 들어 75만 원짜리 상품을 하루에 5천 원씩 5개월만 지불하면 된다고 홍보하는 것이다. 같은 값이라도 여러 날로 나눠 계산하면 훨씬 저렴하게 느껴지는 전략이다.

로드아일랜드대학교 아틀라스Atlas와 시카고대학교 바텔스Bartels는 '매일 천 원'이 '36만 5천 원'보다 저렴하게 느껴지는 이유를 연구했다. 연구진은 '1년에 350달러'식으로 가격을 매기는 방식을 '총액 책정방식Aggregate Pricing'으로, '하루에 1달러씩'으로 가격을 매기는 방식을 '기간가격 책정방식Periodic Pricing'으로 명명했다. 그리고 실험을 통해 기간가격 책정방식이 총액 책정방식보다 홍보 효과가 더 좋다는 사실을 발견했다. 연구진이 엠턱Mturk(인터넷 설문 조사 사이트)에 올린 설문에는 다음과 같은 내용이 있었다.

"5만 달러를 가지게 됐다고 생각하고 다음 글을 읽어 보세요."

150명 중 절반의 사람들은 1년에 350달러를 기부하라는 내용의 글을, 나머지 절반의 사람들은 매일 1달러씩 기부하라는 내용의 글을 읽었다. 그 결과, 후자의 경우 기부 참여 비율이 더 높았다. 즉, 총액 책정방식보다 기간가격 책정방식이 소비자들의 기부를 촉진했다는 것이다.

매일 돈을 나눠서 내면 돈을 적게 쓴다고 느낀다

이어진 연구에는 미국 중서부의 한 대학에서 MBA 과정을 밟고 있는 학생 153명이 참여했다. 5가지 인터넷 정기 구독 서비스(예를 들면 《워싱턴 포스트》지)에 대한 구매 의사를 물었다. 그중 한 조의 학생들에게는 기간가격 책정방식으로(매일 0.26달러), 나머지 조 학생들에게는 총액 책정방식으로(연 95달러) 가격을 알려 주었다.

그 결과, 기간가격 방식으로 책정된 구독료를 들은 학생들 중 24.5 퍼센트가 구독 의사를 밝힌 데 반해 총액 방식으로 책정된 구독료를 들은 학생들은 9.9퍼센트만이 구독하겠다고 답했다. 이 실험에서도 기간가격 책정방식을 통한 구독 서비스 홍보가 더 빛을 발했다.

이에 대한 다른 실험의 경우도 보자. 미국의 한 음식 배달 회사와 공동으로 진행했는데, 5주의 실험 기간에 15,127명의 소비자가 이 회사 사이트에 방문해 게재된 광고를 보았다. 그중 절반은 음식 가격이 매일 16달러라는 광고를 보았고, 나머지 절반은 매주 99달러라는 광고를 보았다. 실험 결과 매일 16달러라는 광고를 본 소비자가 매주 99달러라는 광고를 본 소비자보다 배달 서비스를 77퍼센트나 더 많이 이용했다. 매일 구매하는 경우가 더 비싼데도 불구하고, 기간가격 방식이 소비자의 구매 욕구를 부추긴 것이다.

매일 돈을 나눠서 내는 것은 돈을 적게 쓴다고 느낄 수 있을 뿐 아니라 훨씬 장점이 많은 것으로 생각한다. 매주 99달러라는 가격을 본 사람들은 할인 폭이 그다지 크지 않다는 생각을 하지만 하루에 16달러라는 가격을 보았을 때는 매일매일 할인받을 수 있다는 생각을 한다.

통상적으로 이성적인 소비자라면 물건을 살 때 각종 가격 비교 사이트를 드나들며 제일 싼 가격에 산다. 하지만 판매자는 물건 가격 자체에도 약간의 함정을 파고 비이성적인 소비를 하도록 유도한다. 연 35만 원의 총액 책정방식보다 하루 천 원이라는 기간가격 책정방식은 교묘하게 돈을 더 벌 수 있는 아주 매력적인 구매 유도 수단이다.

이제부터 물건을 살 때 어떤 방식으로 가격이 매겨졌는지를 유심히 살펴보면 판매자가 파 놓은 함정을 피할 수 있을 것이다.

09

지불의 고통을 줄이는
기상천외한 방법

무언가를 사는 것은 즐거운 일이지만, 돈이 나가는 것은 언제나 괴로운 일이다. 상인들은 어떻게 소비자들이 이런 고통을 잊고 소비하게 만들 수 있을까?

"한 손으로 돈을 건네면 다른 손으로 물건을 받는다."라는 말이 있다. 하지만 일상에서는 그렇지 않을 때가 많다. 좋은 전시회를 감상하기 위해서는 티켓을 먼저 끊어야 하고 인터넷 쇼핑몰에서는 결제부터 해야 물건이 온다.

매사추세츠공과대학교 드라젠 프렐렉Drazen Prelec 교수와 카네기멜론대학교 조지 로웬스타인George Loewenstein 교수는 결제하는 것과 상품을 받는 순서에 따라 사람들의 선택이 달라지는 것을 발견했다.

연구진은 실험 참여자 91명에게 캐리비안 해변에서 1주일간 휴가를 가게 되어 비용으로 1,200달러를 내야 하는 상황을 상상해 보라고 했다. 그리고 지불 방식은 다음 두 가지로 정해 줬다.

(1) 휴가 전 6개월 동안 매월 200달러씩 지불.
(2) 휴가 후 6개월 동안 매월 200달러씩 지불.

실험 결과, 60퍼센트가 넘는 사람들이 첫 번째 사용 방식을 선택했다. 그리고 이어진 질문에서 연구진은 참여자들에게 세탁기 한 대를 구매하고 여기에 1,200달러를 사용해야 하는 상황에서 지불 방식을 선택하도록 했다.

(1) 세탁기 도착 전 6개월 동안 매월 200달러씩 지불.
(2) 세탁기 도착 후 6개월 동안 매월 200달러씩 지불.

이 질문에 84퍼센트의 사람들이 두 번째 지불 방식을 선택했다. 연구진은 이러한 차이점이 발생하는 이유를 '지불의 고통Pain of Paying' 때문이라고 말한다. 우리는 뭔가를 얻는 만큼 돈을 잃을 수밖에 없기에 돈을 지불할 때 심리적 고통을 겪는다. 이를 '지불의 고통'이라 부르는 데, 소비를 통해 얻을 수 있는 기쁨을 반감시킨다.

지불 방식은 어떻게 소비에 영향을 미치는가?

외국 여행을 가서 택시를 타고 이동하며 아름다운 창밖 풍경을 감상하려고 했으나 택시비가 너무 많이 나올까 봐 지하철을 탄 상황을 생각해 보자. 하지만 지하철은 풍경 감상은커녕 내리는 역을 헷갈릴까 봐 신경을 곤두세워야 한다. 만약 택시비를 선불로 낼 수 있었다면 이런 일은 없었을지도 모른다. 이미 지불한 돈은 더 이상 고통을 주지 않기 때문이다. 한번 대가를 내고 나면 풍경을 감상하는 일만 남기 때문이다.

여행과 같은 체험 상품에 대한 지불 방식이 후불인 경우, 여행 내내 돈을 내야 한다는 생각이 머릿속을 떠나지 않아 제대로 즐길 수 없다. 이런 경우엔 선불 방식이 더 합리적이다. 휴가를 보낼 때 미리 돈을 지불해 놓으면 할부금 따위는 생각하지 않아도 되기 때문이다.

하지만 세탁기처럼 물질적인 상품일 때는 이야기가 달라진다. 세탁기라는 것은 구매 후 꽤 오랜 기간을 사용해야 하는 물건이므로 후불 방식이어도 크게 상관이 없다. 미래에 세탁기를 사용할 때마다 그에 따른 돈을 내는 것으로 생각하면 이해하기 쉽다. 세탁기가 유용하고 사용 빈도도 높을 때 후불 방식에 따른 지불의 고통은 줄어든다.

이 밖에도 선불 방식이어야 더 좋은 체험적 소비는 지불 횟수 또한 너무 많으면 안 된다는 특징이 있다. 오래된 유원지에 방문해 놀이기구마다 탑승료를 내야 한다면 즐거움이 반감될 것이다. 롤러코스터는 5천 원, 바이킹은 3천 원, 후룸라이드는 6천 원… 이렇게 놀이기

구마다 다른 가격이 매겨져 있다면 각각 그만한 가치가 있는지를 따지느라 놀이기구에 대한 흥미를 잃어버리게 될 것이다. 또 지불 횟수가 늘어날수록 가진 돈이 줄어드는 것을 보게 되므로 기분이 썩 좋지 않을 것이다.

최근 들어서는 구독 방식도 여러 방법으로 바뀌고 있다. 특히 영화 산업에서 뚜렷한 변화를 찾아볼 수 있다. 비디오나 DVD를 빌려 보던 시절에는 매번 빌릴 때마다 돈을 다시 지불해야 했고 연체라도 하면 연체료를 물어야 했다. 하지만 인터넷이 발달한 요즘엔 넷플릭스를 선두로 많은 콘텐츠 재생 사이트들이 구독 서비스를 채택하고 있다. 구독 서비스는 무제한으로 영상을 감상할 수 있게 한다. 지불 횟수를 통한 스트레스를 줄여 주고 소비 만족도 또한 높여 준다.

이는 서비스 제공 업체에서 회원들이 개별 영상을 구매하는 것을 선호하지 않기 때문이다. 개별로 구매한 영화가 재미없으면 그 사람은 만족스럽지 않은 소비를 했다는 생각에 다음 소비를 할 때까지 고심하는 기간이 길어진다. 이에 따라 구매 횟수 또한 감소한다. 하지만 구독료를 내고 무제한 시청을 할 경우, 회원들은 여러 영화를 '체험'해 보면서 괜찮은 영화를 더 많이 볼 수 있게 된다. 구독료가 돈값을 했다고 생각한 회원들은 다음 달에도 계속 구독을 이어갈 것이다.

게다가 구독 방식은 회원들의 방문 빈도와 충성도를 높여 주기도 한다. 구독료를 냈음에도 불구하고 영상 시청이 적으면 돈 낭비라는 생각에 적어도 개별 구매로 시청한 횟수보다는 더 많이 시청하려고 하기 때문이다. 영상 하나를 볼 때마다 돈을 버는 것이나 다름없다는 생각을 하는 사람들은 더 많은 영상을 본다. 따라서 체험적 상품은 구독 방식을 통해 소비자를 더 오래 붙들고 있을 수 있다.

이와는 반대로 대부분 식당은 후불 방식을 고수한다. 선불 방식을 채택한 식당은 페스트푸드를 판매하는 곳밖에 없다. 식당이 후불 방식과 선불 방식 중 무엇을 채택하는지는 그 식당이 소비자와의 관계를 정의하는 방식에 따라 달라진다. 어떤 식당이 소비자와 관계에서 기능성을 강조한다면, 그 식당은 소비자의 배를 채우는 것을 목적으로 할 것이다. 따라서 주문 후 즉시 결제하는 방식을 선호한다. 하지만 고급 레스토랑처럼 소비자와 관계를 감정으로 정의하는 곳이라면 그 목적은 더 오래 있고 싶고 더 자주 오고 싶은 공간이 되는 데 있다. 따라서 소비자가 충분히 경험한 뒤 그에 따른 값을 내는 후불 결제 방식을 선호한다. 만약 주문과 동시에 계산을 요구하면 식당에 대해 좋지 않은 첫인상을 남길 수도 있기 때문이다.

선불이냐 후불이냐의 문제는 언뜻 보면 매우 간단해 보인다. 하지만 그 배후에 숨겨진 여러 요소를 살펴보면 그리 간단치만은 않다. 체험적 소비라면 선불 방식을, 소비자와 오랜 관계를 유지하는 것이 목석인 고급 레스토링이라면 후불 방식을 채택해아 하는 것처럼 상황마다 달라지기 때문이다.

심리적·시간적 거리와 구매력의 상관관계

10

　같은 액수의 돈이라도 구매력이 다를 수 있다. 1시간에 만 원의 시급을 받는다고 치자. 알바생 입장에선 만 원은 부족하다고 느껴질 수 있다. 하지만 사업자 입장에선 그 돈이면 컵라면이 몇 개냐며 많다고 생각할지도 모른다. 이렇듯 각자의 입장에서 돈의 가치 판단이 달라지기도 하지만 사람들은 자기가 가진 돈에 대해 구매력을 높이 평가하는 경향이 있다.

　남들은 돈을 숨 쉬듯 쓰는 것 같은데 나만 허리띠를 졸라매고 사는 것 같은 느낌이 들 때가 있다. 위스콘신대학교 폴맨[Polman] 교수 연구진이 2018년 발표한 논문에 이러한 현상에 관한 심층 연구 내용이 담겨 있다.

　연구진은 실험에 참여한 289명의 소비자를 두 조로 나눴다. 그리고 이들에게 50달러로 달걀, 초코바, 칫솔, 칼, 양모 양말, 빅맥(햄버거), 냉동 피자, 작은 크기의 라떼 한 잔, 전구, 빵 한 덩이 등 10가지 상품 중 몇 개를 살 수 있을 것 같은지를 물었다. 그중 한 조에는 자기 돈 50달러로 구매 가능할 것 같은 개수를 물었고, 다른 한 조에는 다른 사람의 돈 50달러로 몇 개를 살 수 있을 것 같은지를 물었다. 그 결과, 돈이 자기 것이었을 때 구매 가능한 개수가 더 많은 것으로 나타났다. 사람들은 자기 돈 50달러로는 평균 21.07개의 칫솔을 살 수 있다고 답했지만 다른 사람의 돈 50달러로는 17.30개의 칫솔을 살 수 있다고 말했다.

내가 가진 돈으로 더 많은 물건을 살 수 있다

이러한 현상은 기부를 하는 상황에서도 동일하게 나타났다. 이번 실험에서는 참가자들에게 나무를 심는 자선 기구에 기부한다면 몇 그루의 나무를 심을 수 있을 것 같은지를 물었다. 이에 실험 참가자들은 자신이 기부한 100달러로는 평균 33.80그루의 나무를 심을 수 있으리라 답한 데 반해 다른 사람들의 기부금 100달러로는 평균 24.50그루밖에 심지 못할 것이라고 답했다. 즉, 자신의 돈이 남을 더 많이 도울 수 있다는 생각이 반영된 것이다.

대체 어디서 이런 자신감이 나오는 걸까? 어떤 사람들은 그 이유가 낙관주의적 성향이 강하기 때문이라고 말한다. 사람들 중 자신의 운은 항상 나쁠 것이라고 믿거나 반드시 큰 병에 걸릴 것이라고 믿는

사람들은 찾아보기 어렵다. 심리학에서는 이를 '긍정적 환상'이라고
부른다.

　연구진은 정말 이런 이유에서 비롯된 것인지를 확인하기 위해 실
험에서 구매할 수 있는 물건을 썩은 달걀이나 상한 우유 같은 사람들
이 싫어할 만한 물건으로 바꿨다. 하지만 사람들은 자기 돈일 때 굳
이 구매할 가치가 없는 상품에 대해서도 구매력을 더 높게 평가했다.
따라서 '긍정적 환상' 이외에도 다른 영향이 미치고 있다는 것을 알
았다.

심리적 거리가 가까울수록 가치를 높게 본다

　이외에 다른 영향으로는 바로 '심리적 거리'를 들 수 있다.

　다음 연구에서 참가자들은 '자기 돈 900달러로 몇 개의 물건을 살
수 있을지'와 '친한 사람의 돈 900달러로 몇 개의 물건을 살 수 있을
지' 혹은 '모르는 사람의 돈 900달러로 몇 개의 물건을 살 수 있을지'
에 답했다. 그 결과, 똑같이 남의 돈이지만 친한 사람의 돈일 경우에
는 구매력 점수가 7.6점으로 자기 돈에 대한 구매력 점수인 7.72점
(만점 9점)과 비슷하게 나왔다. 하지만 모르는 사람의 돈일 때는 구매
력 점수가 7.2점 정도로 더 낮게 나타났다. 즉, 사람 간의 심리적 거
리가 멀어질수록 돈의 예상 구매력도 하락했다.

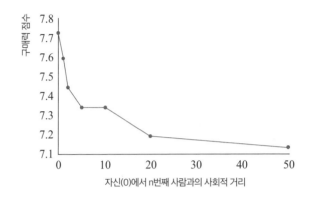

[그림 3-4] 구매력 점수와 사회적 거리 간의 관계

구매력 점수

자신(0)에서 n번째 사람과의 사회적 거리

돈의 가치를 떨어뜨리는 것에는 심리적 거리뿐 아니라 기타 여러 가지 거리도 존재한다. 연구진은 사람들이 당장 15달러를 받는 것을 1개월 후 30달러를 받는 것보다 선호한다는 것을 발견했다. 여기서 바로 '시간적 거리'의 효과를 알 수 있다. 시간적 거리가 너무 멀면, 사람들은 한참 후의 돈을 돈이 아닌 그저 숫자로 여기게 된다. 따라서 당장 받을 수 있는 15달러를 실제 돈이라고 여겨 더 선호하는 것이다.

지금 10만 원을 받는 것과 3개월 후 10만 원을 받는 것 중 어느 것이 더 가치 있는 선택일까? 대부분은 지금 10만 원을 받는 것이 더 가치 있다고 생각한다. 거리가 멀면 멀수록 돈의 가치는 떨어지는 것처럼 느껴진다. 물건을 얻을 확률 또한 심리적 거리에 영향을 미친다. 만약 100퍼센트 받을 수 있는 물건이라면 그 물건과의 거리는 가깝게 느껴진다. 만약 10퍼센트의 확률로 받을 수 있는 물건이라면 거리가 더 멀게 느껴진다.

구매력이라는 것은 매우 중요하다. 예산을 짤 때 ATM에서 얼마를 인출해야 할지, 신용카드 한도를 얼마로 설정할지, 대출을 얼마나 할지 등의 문제는 모두 구매력에 따라 결정되기 때문이다. 이때 만약 자신이 가진 돈의 구매력을 과대평가한다면 잘못된 예산 계획을 세울 가능성이 있으니 조심해야 한다.

11

이익보다 손실을
더 크게 받아들이는 이유

사람들은 일반적으로 손실을 이득보다 더 중요시한다. 하지만 배우자를 찾을 때는 손실보다 이득을 더 중요시해야 한다.

앞면이 나오면 10만 원을 얻고, 뒷면이 나오면 10만 원을 잃는 동전 던지기 게임이 있다고 해 보자. 대다수는 이겨서 돈을 딸 확률이 50퍼센트인데도 이 게임을 거절한다. 잃는 10만 원이 얻는 10만 원보다 크다고 느끼기 때문이다. 사람들은 돈을 잃는 고통이 돈을 얻는 즐거움보다 더 크고 중요하다고 생각한다. 노벨 경제학상 수상자 카너먼과 트버츠키는 이러한 현상을 두고 '손실 회피Loss Aversion'라고 명명했다.

'손실 회피'란 비슷한 손실과 손익을 두고 손실을 더 크게 받아들이는 것을 의미한다. 일상에서 손실 회피 장면은 손쉽게 발견할 수 있다. 할인 행사하는 점포를 반드시 들어가는 것은 아니지만 이미 받은 할인권은 기간이 지나기 전에 얼른 쓰려고 하는 것을 예로 들 수 있다. 도박에서 돈을 얻으면 기쁜 마음으로 밥이 술술 넘어가겠지만 반대로 돈을 잃으면 며칠 동안 입맛을 잃어버리는 것도 손실 회피에서 비롯된 것이다. 따라서 10만 원을 잃었다가 10만 원을 다시 얻게 되어도 잃기 전의 기분으로 되돌아갈 수 없다. 하지만 어떤 경우에는 사람들이 손실보다 오히려 손익을 더 중요시한다.

나쁜 것이 좋은 것보다 더 강하다

인간은 성장 과정에서 좋고 나쁨을 구분하는 것을 가장 먼저 습득한다. 하지만 좋은 일보다 나쁜 일에 더 관심을 가진다.

1985년 폴란드 학자 샤핀스키Czapinski가 심리학 학보에 실린 1.7만 편의 논문을 분석한 결과 초조함, 우울감, 상처, 낮은 자존감 같은 부정적 감정에 관한 연구가 69퍼센트를 차지하는 반면 긍정, 동기, 동정심 등 긍정적 감정에 관한 연구는 31퍼센트에 그쳤다.

1999년에는 미국 심리학회 회장 마틴 셀리그먼Martin Seligman은 '긍정 심리학' 운동을 펼쳐 심리학 연구계에 만연한 부정적 감정 연구 풍토에 변화를 일으키고자 했다.

하지만 비단 심리학자뿐 아니라 실제로 대부분 사람이 우울이나 자살 등 부정적 감정을 연구하는 것이 긍정적 감정을 연구하는 것보다 더 의미 있다고 생각한다. 이는 비관적 사고에서 비롯된 것이 아니라 나쁜 일들이 사람에게 미치는 영향이 좋은 일들이 미치는 영향보다 더 크다고 생각하기 때문이다. 이는 손실 회피의 근본적 원인이 되기도 한다.

극단적인 예로 다음의 세 그룹의 사람들을 살펴 보자.

첫 번째 그룹은 복권에 당첨된 사람들이다. 두 번째 그룹은 뜻밖의 사고로 사지가 마비된 사람들이다. 세 번째 그룹은 평범한 일상을 사는 사람들이다. 이 세 그룹 중 어떤 그룹의 사람들이 더 행복할까? 그리고 어떤 그룹의 사람들이 제일 불행할까?

1978년 미국 노스웨스턴대학교 브릭먼Brickman 교수 연구진은 위의 세 그룹에 실제로 속한 사람들을 찾아 설문 조사를 진행했다. 그 결과, 복권에 당첨된 사람들은 나머지 두 그룹보다 행복하지 않다는 것을 발견했다. 그리고 사지가 마비된 사람들은 대부분이 예상한 것과 같이 실제로도 제일 행복하지 못했다. 이를 통해 행복한 일이 사람에게 미치는 영향은 불행한 일이 미치는 영향보다 작다는 것을 알 수 있었다.

왜 행복의 순간은 짧고 불행의 순간은 길게 느껴질까? 이는 손실로 인한 부정적 효과가 손익으로 인한 긍정적 효과의 두 배, 아니 심지어는 그 이상으로 더 크기 때문이다. 캘리포니아대학교 사브리나Sabrina 연구진은 도박하는 실험 참가자들의 뇌를 MRI 영상으로 판독

했다. 그 결과, **돈을 땄을 때와 잃었을 때 모두 뇌가 활성화되었지만, 100달러를 잃었을 때 활성화되는 정도는 100달러를 땄을 때보다 훨씬 큰 것으로 나타났다.**

이익보다는 손실을 회피하려고 한다

인류에게는 두 가지의 행동 동기가 존재한다. 하나는 이익을 추구하는 것이고 다른 하나는 손실을 피하는 것이다. 이는 인류가 진화하면서 천성적으로 타고나는 것이다. 그렇다면 이익 추구와 손실 회피 중 과연 어떤 동기가 더 중요할까?

숲속에서 곰이 나에게 다가오는 것을 발견하지 못했다면 죽은 목숨이나 다름없다. 하지만 각종 과일이 쌓여 있는 것을 못 보고 지나치는 것은 크게 문제가 될 것이 없다. 이렇듯 나쁜 것을 피하는 것이 좋은 것을 얻는 것보다 훨씬 중요하다. **사람들이 부정적 정보에 더 관심을 가지는 이유도 그것이 피해를 줄이는 데 도움이 되기 때문이다.**

1979년 카너먼과 트버츠키는 실험을 통해 사람들은 이득보다 손해를 보지 않는 것을 확실시하려는 것을 발견했다. 다음 두 가지 상황을 활용하여 실험해 보았다.

상황 1: 1천 달러를 주고 A, B 중 선택하도록 한다.

A: 50퍼센트의 확률로 1천 달러를 얻는다.

B: 100퍼센트의 확률로 500달러를 얻는다.

상황 2: 2,000달러를 주고 C, D 중 선택하도록 한다.

C: 50퍼센트의 확률로 1천 달러를 잃는다.

D: 100퍼센트의 확률로 500달러를 잃는다.

확률로 접근하면 A와 C의 확률이 같고, B와 D의 확률이 같다. 하지만 실험 결과, 84퍼센트의 사람들이 상황 1에서는 확실한 이익을 얻고 싶어 하는 것에 반해 상황 2에서는 69퍼센트 사람들이 도박을 하고자 했다. 즉, 사람들은 이익을 추구하는 것보다 손실을 피하는 것을 더 선호했던 것이다.

손실 회피는 비단 성인에게서만 보이는 현상이 아니다. 많은 연구 결과에서 5~10세 사이의 아이들 또한 성인처럼 손실을 회피하려는 경향을 보인다고 한다. 다음에 소개할 연구에서는 심지어 원숭이도 손실 회피 성향을 가지고 있음을 알려 준다.

예일대학교 키스 첸Keith Chen 연구진은 2005년 검은머리카푸친 종의 원숭이를 데리고 두 가지 도박 게임 실험을 진행했다. 게임에는 A와 B 두 실험자가 등장한다.

A는 한 손에 푸딩을 들고 동전 던지기를 한다. 떨어진 동전이 앞면

을 향하면 A는 푸딩을 원숭이에게 건넨다. 만일 동전이 뒷면을 향하면 손에 들고 있던 푸딩을 원숭이에게 준 뒤 주머니에서 푸딩을 하나 더 꺼내 준다.

B는 한 손에 두 개의 푸딩을 들고 동전 던지기를 한다. 만일 떨어진 동전이 뒷면을 향하면 B는 푸딩 2개를 전부 원숭이에게 준다. 하지만 앞면을 향하면 푸딩을 1개만 준다.

원숭이는 두 상황에서 모두 푸딩을 얻을 수 있다. 하지만 원숭이들은 각각을 관찰한 후 모두 A에게로 갔다. 비록 두 상황에서 얻을 수 있는 이득은 평균적으로 같지만, A는 예상 밖의 이익을 얻을 수 있는 반면 B는 예상 밖의 손실을 보기 때문이었다.(눈앞에서 두 개를 봤는데 앞 면이 나올 경우 한 개만 받는다고 생각함.)

손실 회피의 영향력은 결혼 생활에서도 찾아볼 수 있다. 미국 워싱턴대학교 심리학 교수 존 가트맨John M. Gottman은 한 부부를 어느 정도만 관찰하면 그 부부가 나중에 이혼할지 말지를 맞힐 수 있다고 한다. 게다가 그 정확도 또한 매우 높다.

가트맨은 1970년대 워싱턴대학교 근처에 그 유명한 '사랑 실험실 The Love Lab'이라는 것을 만들었다. 연구진은 방마다 설치된 CCTV로 매일 오전 9시부터 오후 9시까지 부부들의 하루를 관찰했다. 그리고 1993년에 실험에 참여했던 73쌍 부부들이 어떻게 변했는지를 알아보았다. 그 결과, 3분의 1에 해당하는 부부가 4년 만에 관계가 심각하게 나빠져 있었다. 도대체 무엇이 그들의 결혼 생활을 망치게 했을까? 가트맨은 이 부부들의 생활 방식에서 긍정적인 면과 부정적인 면의 비율이 5:1보다 낮았기 때문이라고 한다.

결혼 생활에서는 칭찬과 같은 긍정적인 면은 다툼과 같은 부정적인 면보다 관계에 미치는 영향이 상대적으로 적다. 하지만 한 번 부정적 감정이 심어지고 나면 대략 5번의 긍정적 행동을 해야만 부정적 감정이 미치는 효과를 떨어뜨릴 수 있다.

손실 회피가 통하지 않는 경우

이와는 반대로 손실 회피가 성립하지 않을 때도 있다. 2007년 네덜란드 레이든대학교 해린크Harinck 연구진은 사람들은 '적은 돈'을 다룰 때 손실 회피 성향의 영향을 받지 않는다고 한다. 예를 들어 길을 가다가 500원을 주우면 기분이 좋지만, 반대로 500원을 잃는다고 해서 기분이 크게 나쁘지는 않다는 것이다.

2012년 애리조나대학교 예신 제시카 리Yexin Jessica Li 연구진은 배우자를 찾는 남성들은 손실 회피 성향을 보이지 않는다고 했다. 즉, 배우자가 될 사람을 얻었을 때의 장점을 단점보다 더 중요시한다는 것이다. 그 이유를 다음과 같이 설명한다.

'인간의 길고 긴 진화 과정에서 남성들은 주로 구애하는 위치에 있었다. 손실을 두려워하여 구애하지 않으면 배우자를 얻기 힘들어진다. 따라서 남성들은 배우자를 찾을 때 좀 더 모험적으로 변한다.'

행복해지고 싶다면 물건을 사기보단 경험을 사라.
경험은 시간을 꽃으로 만들어 우리가 그것을 음미할 수 있게 함으로써
더 크고 지속적인 행복을 남긴다. 또한 경험을 통해 채색된 우리의 인생은
쉽게 퇴색하지 않는다. 한 사람의 인생은 무엇을 가졌느냐가 아닌
무엇을 했느냐로 정의된다는 것을 기억하자.

4장

모든 일은
돈과 관련 있다
돈과 행복

시간은 곧 돈이라는 생각은 흘러가는 시간을 소중히 여길 수 있
게 만들어 준다. 하지만 늘 이런 생각에 얽매여 있으면 돈을 벌어
야 한다는 생각에 사로잡혀 행복을 놓치고 만다.

시간은
금이아니다

'시간은 금'이라는 말이 있다. 시간을 소중히 여기라는 말이지만 이대로만 한다면 인생이 불행해질 수도 있다. 한 예능에서 청중이 유명한 사업가에게 물었다.

"저의 젊음과 당신의 전 재산을 바꿀 수 있다면 바꾸시겠습니까?"

사업가가 웃으며 말했다.

"당연히 바꾸죠. 돈은 없으면 벌면 그만이지만 지나간 청춘은 돌아오지 않으니까요."

이 사업가는 가진 돈이 너무 많아서 그렇게 말할 수 있었을 뿐이다. 블랙프라이데이에 그동안 모아 놓은 포인트까지 싹싹 긁어모아서 결제하고, 갚아야 할 할부금이 매달 쌓이는 사람들은 돈과 시간을 바꿀 여유란 없다. 오히려 시간을 돈으로 바꿀 수 있다면 그것을 선택할 사람들은 적지 않을 것이다. 유명한 음식점에 대신 줄을 서고 돈을 받는다든가 퇴근길에 음식 배달로 돈을 번다든가, 시간을 돈으로 바꾼다.

시간을 돈으로 환산하면 불행해진다

시간을 허투루 쓰지 말라는 의미인 "시간은 곧 금이다."라는 말은 우리가 아주 어렸을 때부터 자주 들었다. 하지만 연구에 따르면, 이 같은 생각이 인생을 반드시 행복하게 만들어 주진 않는다.

1시간 일할 때 얼마를 받을 수 있는지를 의미하는 시급 개념은 누구나 알고 있다. 심리 상담가, 변호사, 대부분의 아르바이트생 등은 모두 정해진 시간만큼 일하고 돈을 받는다. 이들에게 시간이란 곧 돈이다. 시급으로 돈을 받지 않는 사람이라도 받은 돈을 정해진 기간으로 나누면 시급을 도출할 수 있다. 따라서 이 세상에 돈을 버는 모든 사람의 시간은 돈으로 환산이 된다.

그런데 연구진은 사람들이 시간을 돈으로 환산하고 나면 가족이나 친구와 보내는 시간을 줄인다는 사실을 발견했다. 대부분 미국의 변호사들은 시급으로 비용을 계산한다. 보스턴대학교 카베니[Kaveny] 교수 연구진은 시급제로 인해 변호사들이 일하는 시간을 늘리고 사교활동에 보내는 시간을 줄인다는 것을 알아냈다.

스탠퍼드대학교 디보[Devoe] 또한 시간을 돈으로 환산하는 것은 사람들이 봉사활동에 참여하는 등 남을 돕는 데 시간을 쓰지 않게끔 한다는 것을 발견했다. 예를 들어 한 동영상 재생 사이트에서 이용자들이 올린 동영상을 심사하는 시급이 만 원인 아르바이트 자리를 구했다고 치자. 어느 날 오랫동안 못 봤던 친한 친구가 찾아와 3시간 동안 이야기를 나누었다. 이때 당신은 그날 3만 원을 잃었다는 생각이 들 것이다. 이것이 반복되면 비생산적인 일에 시간 쓰는 것을 싫어하게 될 테고, 어느새 계산적인 사람이 되어 있을 것이다.

이렇듯 시간을 돈으로 환산하는 생각은 그 사람의 사회적 관계를 망치는 부정적인 영향을 끼친다. 이것이 오랜 기간 계속되면 일상에서 얻을 수 있는 행복의 크기도 줄어든다. 이미 많은 연구를 통해 사회적 관계는 행복의 원천이라는 것이 알려진 것을 보면 그 이유를 충분히 이해할 수 있다.

스탠퍼드대학교 페퍼Pfeffer, 카니Carney 연구진은 2018년 시간을 돈으로 환산하는 습관이 있는 사람들은 그렇지 않은 사람들에 비해 평소에 더 큰 심리적 압박감을 느낀다는 주제의 논문을 발표했다. 심리적 압박을 느끼는 사람들의 타액 속에는 아드레날린이 정상 수준보다 23.53퍼센트 더 포함되어 있었다. 아드레날린의 양은 일반적으로 스트레스 정도를 측정할 때 매우 중요한 지표가 된다. 장시간 일을 하면 몸이 처지고 아드레날린 또한 오랫동안 분비된다. 이는 각종 심리적·신체적 질환의 원인이 된다. 따라서 시간의 경제적 가치를 강조하는 것은 그 사람의 감정과 신체에 모두 큰 문제를 일으킬 수 있다.

시간은 곧 돈이라는 생각은 흘러가는 시간을 소중히 여길 수 있게 만들어 준다. 하지만 늘 이런 생각에 얽매여 있으면 돈을 벌어야 한다는 생각에 사로잡혀 행복을 놓치고 만다. 친구를 만나거나 봉사활동하기, 가족과 행복한 시간 보내기 등 돈을 벌지 못하는 일은 시간 낭비라는 생각이 몸과 마음을 병들게 한다.

02 행복해지고 싶다면 물건보다는 경험을 사라

돈을 써도 행복해지지 않는다면, 제대로 돈을 쓴 것이 아니다. 예전 한 유명 브랜드 자동차 광고에서 이런 카피 문구를 내보낸 적이 있다.

"누가 돈으로 행복을 살 수 없다 했는가? 그것은 분명 그가 제대로 돈을 쓴 적이 없어서다!"

그렇다면 어디에 돈을 써야 더 행복해질 수 있을까? 심리 전문가들은 물건이 아닌 '경험'을 사라고 조언한다. 경험이란 일정 기간의 체험을 의미한다. 여행이나 강좌 듣기, 영화 보기 등이 모두 경험에 속한다. 소비의 목적이 어떤 유형의 상품이라면, 그것은 재산의 일부가 될 수 있다. 명품 가방이나 값비싼 목걸이, 반지 등이 그렇다. 하지만 소비의 목적이 인생의 경험을 사는 것이라면, 그것은 삶의 재산이 될 수 있다. 스파 이용권이나 여행 등이 그렇다.

콜로라도대학교 보벤과 코넬대학교 길로비치 등은 4가지 연구를 통해 경험적 소비는 더 행복해질 수 있다는 결론을 얻었다.

첫 번째 연구는 97명의 컬럼비아대학교 학생들로 두 조로 나누어 진행했다. 1조는 최근에 100달러가 넘는 '경험'을 소비한 것을 떠올리게 했다. 2조는 100달러가 넘는 '물건'을 산 소비를 떠올리게 했다. 그리고 곧바로 몇 가지 질문을 했다. "그 소비 후 얼마나 더 행복해졌습니까?", "그 소비가 일상을 행복하게 만들었다고 생각하십니까?"

실험 결과, 경험적 소비를 떠올란 학생들이 소비 후에 훨씬 행복해졌을 뿐만 아니라 그 어떤 것으로도 대체할 수 없는 의미 있는 소비였다고 말했다.

대학생 외 다른 신분의 사람들도 이렇게 느끼는지를 알아보기 위해 두 번째 실험을 했다. 연구진은 미국 전역의 다양한 연령대인 1,279명의 일반 사람들을 대상으로 전화 설문을 진행했다. 실험 의도를 숨기기 위해 설문에는 180개의 무관한 질문이 있었다. 예를 들자면 '얼마를 더 벌어야 미래에 경제적으로 안정감을 느낄 것 같은가?'와 같은 것들이었다. 그리고 설문 마지막에 최근에 한 경험적 소비와 물질적 소비를 떠올려 보고 그 소비를 통해 얼마나 행복해졌는지를 물었다. 1,263명이 이 질문에 답했고, 그중 57퍼센트 사람들은 경험적 소비가, 34퍼센트 사람들은 물질적 소비가 더 행복하게 했다고 답했다. 이 같은 대답은 어느 지역에 살든, 성별과 나이를 불문하고 공통적으로 나타났다.

그렇다면 이처럼 경험적 소비가 물질적 소비보다 더 행복감을 주는 세 가지 이유를 살펴보자.

경험적 소비가 더 행복감을 주는 이유 세 가지
첫 번째 이유: 경험은 시간을 꽃으로 만든다

꽃의 아름다움을 알기 위해선 가만히 서서 바라보며 음미할 시간이 필요하다. 경험은 소비자들이 시간을 꽃과 같이 생각할 수 있도록 돕는다. 옷을 한 벌 산다면, 그 소비를 통해 흥분되는 감정과 행복은 며칠밖에 가지 않는다. 3개월쯤 되면 그 옷을 봐도 더는 처음 살 때의 기분을 느끼지 못한다. 하지만 여행을 한 번 갔다 온다면, 3개월 후에 그 당시 찍은 사진 한 장만 봐도 기억이 생생히 되살아난다.

코넬대학교 카터Carter는 물질적 소비에 대한 만족도는 시간이 지날수록 점점 떨어지지만, 경험적 소비에 대한 만족도는 시간이 지날수록 더욱 상승한다고 말했다. 그의 연구진이 진행한 실험에서 처음에는 경험적 소비와 물질적 소비에 대한 만족도가 엇비슷했으나 시간이 지남에 따라 경험적 소비에 대한 만족도는 증가한 데 반해 물질적 소비에 대한 만족도는 감소했다. 즉, 경험적 소비를 한 사람들은 당장에 커다란 만족과 행복을 느끼진 못한다. 하지만 시간이 지날수록 그 소비 경험을 음미하다 보면, 경험적 소비가 가져다주는 행복감은 더 강렬해졌다는 것을 알 수 있었다.

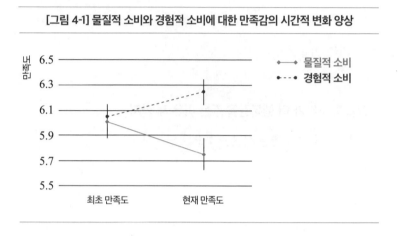

[그림 4-1] 물질적 소비와 경험적 소비에 대한 만족감의 시간적 변화 양상

두 번째 이유: 경험은 비교가 되지 않는다

경험적 소비와 물질적 소비를 비교할 수 있는 이유는 각각을 통해 느낄 수 있는 행복의 정도가 다르기 때문이다. 국산 자동차를 타면서 길에서 값비싼 외제 차를 보면 자신의 차와 비교하게 된다. 하지만 경험은 그 무엇과도 비교하기 어렵다. 휴가 때 나는 제주도에 갔지만 회사 동료는 발리에 갔다고 해서 엄청나게 큰 박탈감을 느끼진 않는다.

카터 교수팀은 실험에서 소비자들이 원하는 물건을 산 뒤에 더 나은 선택지를 보여 주는 것은 소비자들의 기분을 나쁘게 만든다는 것을 발견했다. 하지만 경험적 소비의 경우는 달랐다. 아주 멋진 레스토랑에서 점심을 먹은 소비자들에게 더 괜찮은 레스토랑이 바로 옆에 있다는 것을 알려 주어도 그들은 별로 기분 나빠하지 않았다.

세 번째 이유: 인생은 '무엇을 했는지'로 정의된다

경험적 소비가 더 큰 행복을 가져다주는 이유는 경험적 소비는 인생의 일부분이 될 수 있기 때문이다. 어떤 물건이 인생에서 어떤 의미를 지니기는 매우 힘든 일이다. 하지만 여행이나 영화 같은 경험적 소비를 통한 체험은 언제 열어 봐도 그 기억의 잔상이 남아 있을 가능성이 크다.

연구진은 경험과 자아와의 관계는 매우 두텁다고 말한다. 인생이란, 경험 하나하나가 엮여 만들어진 목걸이와도 같다. 꿰어지는 경험이 많아질수록 인생이라는 목걸이의 색깔은 더욱 다채로워지며 그렇게 만들어진 목걸이의 모양은 그 사람을 대변한다.

어떤 성향의 사람이냐는 질문을 들었을 때, 사람들은 이전의 자신의 경험과 그때의 행동을 되돌아보는 것을 통해 자신을 정의한다. 예를 들어 여행을 많이 다녔던 사람이라면, 자신은 자유로운 성향을 가지고 있다고 말한다. 한 사람의 자아는 경험을 통해 결정된다. 따라서 다양한 경험을 하는 사람들은 그 경험을 통해 인생을 즐기는 방법과 삶의 의미를 배울 수 있다.

평범한 경험 vs. 비범한 경험, 무엇을 선택할까?

경험적 소비와 물질적 소비를 잘 구분하지 못하는 사람들도 있다.

겉으로 보기엔 물질적 소비이지만 실제로는 경험을 얻을 수 있는 것도 있기 때문이다. 이에 관해 『경험 경제The Experience Economy』 저자는 커피콩을 예로 들었다.

커피 생두, 한 잔 1~2페니

포장된 분쇄 커피, 한 잔 5~25페니

같은 커피를 패스트푸드점에서 판매 시, 한 잔 50페니~1달러

같은 커피를 스타벅스에서 판매 시, 2~5달러

같은 커피를 이탈리아 산 마르코 광장의 플로리안 카페에서 판매 시 15달러

소비자들은 비슷한 상품을 각각 다른 가격을 내고 마시는 것을 당연하게 생각한다. 특히, 산 마르코 광장의 커피가 가장 비싼 이유는, 아침에 우아하게 카페에 앉아 천년의 역사를 간직한 옛 도시 광장의 아름다움을 만끽할 수 있어서다. 이로써 커피 한 잔이라는 물질적 소비는 결코 평범하다고 할 수 없는 경험적 소비가 된다.

그렇다고 밥 한 그릇을 먹을 때 동영상을 틀어 놓고 먹는다고 해서 경험적 소비라고 말할 수는 없다. 하지만 **한 입 먹을 때마다 맛을 음미한다거나 친한 친구와 대화하며 먹는다면, 그 식사에 대한 소비는 경험 소비가 될 수 있다.**

경험적 소비도 다양하게 나눌 수 있는데, 연구진은 이를 평범한 경

험과 특별한 경험으로 나눴다. 하지만 반드시 평범한 경험보다 특별한 경험이 더 가치 있는 것은 아니다. 영화 〈죽은 시인의 사회〉 속 키팅 선생님은 학생들에게 늘 이렇게 말한다.

"카르페디엠. 매일 하루를 소중히 여겨라. 비범한 삶을 살아라."

하지만 또 다른 영화 〈버킷 리스트〉 속 주인공인 두 노인은 그와는 다른 견해를 보인다. 죽음 앞에서 각종 모험을 하는 등 신기한 경험을 해 봤지만 결국 행복해지지 못했다. 종국엔 따뜻한 집으로 돌아가 가족들과 식사하는 등 평범한 나날을 보내며 행복은 가까이에 있었다는 것을 깨닫는다.

그렇다면 도대체 어떤 경험이 행복을 가져다줄 수 있을까? SNS에 올릴 만한 특별한 경험이 나을까? 아니면 평범한 하루를 보내는 것이 나을까? 오래된 영화를 여러 편 보는 것이 나을까 아니면 최신 상영 영화를 보는 것이 나을까?

2013년 다트머스대학교 바타차르지Bhattacharjee와 모길너Mogilner 교수가 진행한 연구 사례다.

18~79세 사이 참가자 221명을 임의로 2개의 조로 나누었다. 그중 한 조의 참가자들은 최근의 평범한 소비를, 다른 한 조의 참가자들은 특별한 소비를 떠올렸다. 그리고 그 소비에 관한 묘사와 함께 소비 후에 얼마나 더 행복해졌는지를 밀했다. 언구진은 여기에 이 경험이 얼마나 큰 행복을 가져왔는지를 물었다. 그리고 참가자들에게 그 경

험에 관한 이야기를 소셜 미디어에 올릴 생각이 있는지도 물었다.

이에 대한 대답은 나이에 따라 갈렸다. 전도유망한 젊은 청년들은 신선하고 특별한 경험들을 소셜 미디어에 올리고 싶다고 답했다. 하지만 더는 살날이 얼마 남지 않았다고 생각하는 노년층은 평범한 경험을 공유하고 싶다고 말했다. 계속해서 진행된 실험에서 연구진은 반복적으로 위와 같은 경향이 나타나는 것을 발견했다.

행복해지고 싶다면 물건을 사기보단 경험을 사라. 경험은 시간을 꽃으로 만들어 우리가 그것을 음미할 수 있게 함으로써 더 크고 지속적인 행복을 남긴다. 또한 경험을 통해 채색된 우리의 인생은 쉽게 퇴색하지 않는다. 한 사람의 인생은 무엇을 가졌느냐가 아닌 무엇을 했느냐로 정의된다는 것을 기억하자.

로또가아닌
선행에 투자하라

행운의 여신이 오기만을 기다리며 돈을 쓰는 대신 그 돈을 다르게 써 보면 어떨까?

2018년 중국 알리바바 그룹이 개발한 온라인 결제 시스템 알리페이에서 이벤트를 열었다. 바로 '중국 비단잉어' 프로젝트다. 당첨자 1명은 옷, 화장품, 항공료, 숙박비 등 약 100만 위안(한화 1억 7천여만 원) 상당의 상품을 받을 수 있었다. 이 소식은 금세 엄청난 파장을 일으켰고, 당첨자 또한 실시간 검색어에 오르는 등 사람들의 관심이 대단했다.

'운運'이라는 것이 실제로 존재한다고 믿는 사람들은 자신에게도 언젠간 찾아오지 않을까 하는 작은 희망을 안고 살아간다.

감출 수 없는 행운에 대한 갈망

전 NBA 농구 선수 제이슨 키드Jason Kidd는 자유투를 던지기 전에 항상 자신의 엉덩이를 한번 만진 뒤 골대에 손 키스를 날렸다. 테니스 선수 라파엘 나달Rafael Nadal은 경기 전 항상 물통 2개의 라벨이 자신이 있는 코트를 향하게끔 놓는 루틴을 지켰다.

암스테르담자유대학 심리학 교수 폴 반 랑게Paul can Lange 등은 2006년 《응용사회심리학Journal of Applied Social Psychology》지에 이와 관련한 연구를 발표했다. 197명의 축구, 배구, 필드하키 팀 중 기량이 뛰어난 선수들을 상대로 한 조사에서 중요한 경기일수록 미신에 더 의존한다는 결과가 나왔다.

하버드대학교 심리학 교수 엘런 랭어Ellen Langer는 이러한 미신이 심리적 안정제 역할을 한다고 한다. 그러한 행동을 통해 스스로 운을 다스리는 힘이 생겼다고 믿기 때문이다. 중국 축구 국가대표 감독 미루는 중요한 경기 전에 항상 붉은색 상의를 입었다. 행운의 옷이 좋은 기운을 가져와 자기 팀 선수들이 더 실력을 발휘해 우승을 거머쥘 거라고 여겼다. '비단잉어' 뒤엔 사람들의 숨길 수 없는 행운에 대한 갈망이 깃들어 있다.

돈은 운을 '저장'하는 역할을 하기도 한다. 어떻게 저장하는지는 버지니아대학교 심리학 교수 벤자민 컨버스가 진행했던 연구를 통해 알아보자.

컨버스 교수는 구직자 77명에게 설문지를 돌렸다. 그중 절반은 스스로 제어할 수 있는 일에 관한 내용을 담고 있었다. 예를 들면, '원하는 회사에 입사하기 위해 그 회사의 독특한 문화를 조사해 볼 의향이 있습니까?', '원하는 회사의 면접 요강을 찾아본 적이 있습니까?', '선배들을 찾아가 구직 활동에 대한 조언을 들어 볼 의향이 있습니까?' 같은 것들이었다. 나머지 절반은 스스로는 어떻게 할 수 없는 일들에 대한 질문이었다. 예를 들면 '원하는 회사에 충분한 TO가 있습니까?', '금년도 구직 활동의 성과를 좋게 할 수 있습니까?', '유능한 경쟁자를 만나지 않을 수 있습니까?', '오늘 면접관의 기분을 바꿀 수 있습니까?' 같은 것들이었다.

첫 번째 설문에 답했던 사람들은 자신이 구직 활동에 어느 정도 자신이 있다고 느꼈다. 하지만 두 번째 설문에 답했던 사람들은 구직 활동은 아무리 노력해도 결국은 운에 달렸다고 생각하는 경향이 있었다.

설문이 끝나고 연구진은 설문에 참여한 구직자 중 한 명을 뽑아 100달러를 주겠다고 했다. 그리고 참가자들은 각각 자신이 100달러를 받는다면 그중 얼마를 기부에 사용할지를 답했다.

그 결과 첫 번째 설문에 답했던 사람들은 약 20.71달러만을 기부할 수 있다고 답했다. 하지만 두 번째 설문에 답했던 사람들은 무려 약 34.57달러나 기부하겠다고 말했다. 돈으로 운을 사려고 한 것이다. **사람들은 좋은 곳에 돈을 쓰면 운도 그만큼 쌓인다고 여긴다. 선**

善을 베풀면 반드시 크게 돌아온다는 말도 바로 이런 인식에서 비롯되었다.

착한 신데렐라는 왕자를 만나게 되었고, 악독한 계모와 언니들은 벌을 받았다. 영웅은 언제나 악당을 물리치고 시민들의 존경과 사랑을 받는다. 동화에서도 현실에서도 권선징악은 이미 대중들의 머릿속에 각인되어 있다.

좋은 일을 하면 보상을 받는다?

1980년 미국의 심리학자 멜빈 러너Melvin J. Lerner는 다수의 사람들이 '이 세상은 공평하다Belief in a Just World.'라고 인식한다고 말했다. 가난한 사람들이 가난한 이유를 그들이 게으르기 때문이라고 생각하는 것이 이를 대변한다. 하지만 이러한 관념은 틀렸다.

사람들은 자기가 가진 편견이 무너질 때 이를 받아들이기 힘들어한다. 〈어벤저스: 인피니티 워〉에는 타노스가 손가락을 튕기자 히어로들 일부가 먼지가 되어 사라지는 장면이 나온다. 영화가 끝나고 어벤저스 팬들은 이 같은 장면을 두고 맹렬하게 비판했다. 그들은 히어로가 사라져 버리는 결말 자체를 받아들일 수 없었고, 다음 영화에서 반전이 나오기를 학수고대했다.

'착한 사람에겐 복이 오고 악한 사람은 벌을 받는다'는 믿음은 일종의 안정감을 선사한다. 사람은 외부 요인으로 인해 이러한 믿음이 깨지는 것을 두려워한다. 그래서 혼자만의 세계에 갇혀 믿음이 깨지지 않도록 스스로 이를 지켜 나간다. 남이 안 좋은 일을 겪으면 분명 그 사람이 전에 저질렀던 잘못 때문이라고 여기고, 좋은 일을 겪으면 이제껏 덕을 많이 쌓아 왔다고 속단해 버리는 것이다.

사실상 타인이 처한 상황의 좋고 나쁨의 원인을 그들의 행동과 연관 지어 해석하는 것이 자신에게도 그대로 적용되는 것이다.

웨스턴대학교의 미첼 캘런Mitchell J. Callan 교수는 2009년에 이에 관해 연구했다. 먼저 대학생 156명에게 앞으로 진행될 실험이 너무 재밌다고 소문이 나는 바람에 신청 인원이 제한 인원을 넘어섰다고 말하며 안타깝지만 전부 다 실험에 참여하지는 못할 것이라고 말했다.

그러곤 학번의 뒤 3자리 수의 합이 홀수인 학생들에게 참여 기회를 주겠다고 했다. 그리고 짝수인 학생들은 퇴장하게 했다. 이렇게 남은 학생들은 퇴장한 학생들보다 더 운이 좋다고 생각했고, 퇴장한 학생들은 운이 없다고 느꼈다.

계속해서 연구진은 참여 기회를 얻든 그렇지 못하든 자신이 겪었던 일 중 좋은 일 혹은 나쁜 일을 써 보라고 했다. 그 결과 참여 기회를 얻었던 운 좋은 학생들은 좋았던 일들을 더 많이 떠올렸고, 반대의 경우엔 과거에 자신이 저지른 비도덕적인 행위들을 주로 떠올렸다.

좋은 일을 하면 복이 온다는 생각이 바로 이 과정에서 발현된 것이다.

이러한 신념은 사람들의 기억을 왜곡시킨다. 즉, 운이 좋다고 느낀 학생들 역시 은연중에 과거에 했던 좋은 일이 운을 가져다줬다고 생각했기 때문에 이런 결과가 나왔으리라고 해석할 수 있다. 또 그 반대도 마찬가지로 과거에 나쁜 행동을 저질렀기 때문에 운이 나빴다고 생각하게 된 것임을 알 수 있다.

좋은 일을 하면 보상을 받는다고 생각하기 때문에 사람들은 극도로 운을 원할 때는 돈을 써서 좋은 일을 함으로써 운을 얻으려고 한다. 컨버스 교수는 이를 두고 '운을 위한 투자'라고 명명했다. 운에 투자하는 사람들은 선의를 위한 베풂의 크기만큼 운으로 돌아온다고 믿는다.

327명의 구직자 중 일부에게 컨버스 교수는 연구가 끝나고 그들 이름으로 각각 50달러씩 기부될 것이라고 일러두었다. 그러곤 각자 원하는 회사에 입사하게 될 가능성이 어느 정도라고 생각하는지를 물었다. 이 예측치는 곧 현재의 구직 활동을 낙관적으로 보는지 아니면 그렇지 않은지를 나타내는 지표다.

조사 결과, 자신의 이름으로 기부가 된다는 말을 듣고 연구 참여가 착한 일이라고 생각한 구직자가 그 말을 듣지 않은 구직자보다 현재 구직 상황을 더 낙관적으로 보았다.

만일 다가올 미래가 불안하다고 느낀다면 로또에 당첨되는 것을 기대하거나 열심히 기도하는 대신에 착한 일을 해 보는 것은 어떨까? 비록 착한 일을 하는 것이 반드시 운을 가져다준다고 보장할 순 없지만, 최소한 잠은 더 편하게 자게 할 것이다. 마치 계좌에 있는 돈을 확인할 때마다 안정감을 느끼는 것처럼, 운도 그러한 방식을 통해 쌓이고 있다고 생각하면 어느샌가 불안이 자신감으로 바뀌어 있을 것이다.

04 착시 현상이 만든 부자들의 행복

세상에 많고 많은 부자들이 과연 하루 동안 행복하다고 느끼는 시간은 얼마나 될까?

프린스턴대학교의 크루거Krueger 교수가 2006년 전문직 여성 83명을 대상으로 한 조사이다. 실험 참가자들에게 연봉이 1억 원 넘는 사람들의 일상의 행복을 상상해 보라고 했다.

결과는 하루 중 70퍼센트 이상의 시간은 행복했을 것이라고 답했다. 이와는 반대로 연 수입이 2천만 원 이하인 사람들의 일상에서 행복을 예측했을 땐 42퍼센트 정도의 시간 동안 대체로 행복했을 것이라고 답했다. 이 같은 결과는 돈이 많은 사람들이 적은 사람들에 비해 상대적으로 행복을 느끼는 시간이 더 길 것이라는 인식을 대변한다.

하지만 실제는 그렇지 않았다. 사람들은 돈이 행복에 미치는 영향을 과대평가하는 경향이 있다. 같은 연구에서 이번엔 실제 수입이 연 1억 이상인 사람들을 참가자 대상으로 조사한 결과, 하루 중 80퍼센트 시간 동안 행복을 느낀다고 답했고, 연 수입 2천만 원 이하인 사람들은 68퍼센트의 시간 동안 행복을 느낀다고 답했다. 결과적으로 수입이 행복에 미치는 영향은 통상적인 예측과는 다르게 수입과 상관없이 '크게' 차이가 나지 않았다.

수입의 증가는 행복과 직결되지 않는다

40년 전의 생활상을 그려 보자. 지금 우리는 40년 전에 비하면 매우 풍족하고 발전된 삶을 누리는 여건을 갖추었다. 하지만 정말 그로 인해 40년 전보다 더 행복해졌다고 말할 수 있을까? 많은 국가가 길게는 10년의 기간 동안 조사한 결과, 평균 생활 수준은 전보다 훨씬 높아졌지만, 삶의 만족도나 행복감을 나타내는 지표에는 큰 변화가 없다는 결론을 내렸다. 결국 수입의 증가는 행복감과 직결되지 않는다는 말이다.

그럼에도 사람들은 왜 돈이 많을수록 더 행복한 사람이라고 넘겨짚는 것일까? 이 모든 게 다 착시 현상이 초래한 환각 때문이다. 여기서 착시 현상이란 우리가 어느 하나에 집중할 때 그 부분이 극단적으로 과장되어 보이는 것을 말한다. 노벨 경제학상을 받은 유명심리학자 대니얼 카너먼은 '어떤 일이 가장 중요한 순간은 바로 자신이 그

일에 관해 생각하고 있는 순간'이라고 했다. 이러한 환각을 증명하기 위해 심리학자 스트랙Strack은 일리노이대 학교의 1학년과 2학년 학생 180명을 대상으로 연구를 진행했다. 그는 학생들에게 다음과 같은 2가지 질문을 했다.

1. 당신은 지금 얼마나 행복합니까?
2. 지난달 약속에 몇 번 나갔나요?

이런 질문을 받은 사람은 약속에 몇 번 나갔는지는 행복과 큰 관련이 없다고 느낄 것이다. 이제 다음 질문에 답해 보자.

• 지난달 약속에 몇 번 나갔나요?
• 당신은 지금 얼마나 행복합니까?

이제는 약속에 나가는 횟수가 행복과 직접적 연관성이 증명된 바가 없는데도 약속에 나가는 횟수가 행복의 척도처럼 느껴질 것이다. 바로 이것이 앞서 말한 착시 현상이다. 질문 하나를 던져 '약속'이라는 단어에 집중하게 하면 사람들은 그것을 과대평가하게 되고 결국 착시 현상의 덫에 걸린다.

예를 들어 결혼 적령기인 청년에게 집에서든 직장에서든 주변 사람들이 틈날 때마다 결혼 이야기를 꺼낸다면 그는 행복을 묻는 말에 결혼 여부를 결부시켜 답할 것이다. TV나 신문에서 천정부지로 치솟는 부동산 얘기로 들썩일 때면 대중의 관심은 부동산에 집중된다. 이때 행복한지를 조사하면 사람들은 자연스레 부동산 보유 여부를 행복의 기준점으로 삼게 된다. 양자 간에 실질적인 관련이 없더라도 그렇게 하는 것이 당연하다고 느끼는 착시 현상 때문이다.

　돈은 거의 매일같이 우리 생활 속의 주요 화두다. 수많은 사람이 돈을 이야기하고 더 많은 돈을 벌고 싶어 하고 돈에 관련된 소식들을 찾아본다. 이렇듯 돈은 일상생활과 떼려야 뗄 수 없는 것이 되었다. 나도 모르게 돈에 과도하게 관심을 둔 사람들은 행복에 관해 물을 때 돈을 제일 먼저 떠올린다. 내가 행복한지 아닌지를 재산이 대신 판단하는 것이다.

　내가 '관심'을 가지고 집중하는 것이 내 '행복'을 판단한다. 어떤 것에 내 행복을 맡길지 스스로 고민해 보는 시간을 가져 보자.

05 부부간에 돈은
어떻게 관리하면 좋을까?

연구에 따르면, 재산 유형에 따라 돈 관리 방식이 한 가정의 지출 방식에 영향을 미친다. 한 달 동안의 지출 유형을 살펴보면 음식이 차지하는 비중이 생각보다 클 때가 있다. 이는 재산을 관리하는 방식에 문제가 있어서다. 대부분 가정은 다음과 같은 문제를 안고 있다.

-부부간에 재산은 어떻게 관리하지?
-한 계좌에 넣고 관리해야 할까? 아니면 따로 관리해야 할까?

413개 가정을 조사한 결과 대부분 가정에서는 '편함'을 중시했다. 얼마는 합쳐서 관리하고 얼마는 따로 관리했다. 하지만 이를 확실히 해 둘 필요성이 있다는 것을 보여 주는 연구가 있다.

공동 계좌가 소비에 미치는 영향

미국 노트르담대학교 가빈스키Garbinsky 연구진은 영국의 대형 국립 은행 고객 912명을 대상으로 우편 설문을 진행했다. 그중 115명이 자신의 배우자와 공동 계좌를 사용하고 있었고, 281명이 배우자와 각각 단독 계좌를 가지고 있었다. 연구진은 12개월간 이들의 거래 내역을 받아 모든 거래의 성격을 실용성과 쾌락성 두 가지로 분류했다.

그 결과, '공동 계좌'를 사용하는 사람들은 '실용성 상품'에 대한 거래 비율이 단독 계좌를 사용하는 사람들에 비해 1,129파운드 더 많은 것으로 나타났다. 또한 '쾌락성 소비'는 490파운드 더 적었다. 즉, 공동 계좌를 사용하는 경우엔 실용적인 상품을, 단독 계좌를 사용하는 경우엔 쾌락성 상품을 더 선호한다는 사실이 드러났다.

사람마다 성향이 다르므로 이러한 결과가 우연히 나타났을 수도 있다고 생각할지 모른다. 이에 연구진은 같은 문제에 대해 무조건 한 계좌를 공유하게 하는 방식으로 새 실험을 진행했다.

이 실험은 미국 서부의 한 대학교 입구에서 진행되었다. 책상 하나를 놓고 그 뒤에 '연애를 하는 사람이라면 5분도 안 걸리는 이 설문에 참여하여 학교 연구실에 공헌해 주세요!'라고 쓰인 현수막을 걸었다. 이 설문에 68명이 참여했다. 그중 절반의 사람들에게 1달러가 담긴 봉투를 주고 그 봉투 위에 자신과 연인의 이름을 쓰게 했다. 이는 그 돈을 공유한다는 의미가 있었다. 그리고 나머지 절반의 사람들에게는 1달러가 든 봉투에 자신의 이름을 쓰게 했다. 그리고 가격이 모두 1달러인 실용적인 물건과 쾌락적인 물건을 보여 주며 어떤 물건을 구매할 것인지를 물었다.

그 결과, 쾌락성 상품을 고른 비율은 1달러를 공동으로 가진 사람들의 경우엔 44퍼센트가, 1달러를 개인적으로 가진 사람들의 경우에 68퍼센트로 나타났다. 쉽게 말해 어떤 돈을 공유하는 사람들은 이 돈을 실용적으로 소비하려는 경향을 보인다는 것이다.

그 이유를 찾기 위해 연구진은 297명을 공동 계좌 조와 개인 계좌 조로 임의로 나누어 온라인으로 설문 조사를 진행했다. 이 설문에서 공동 계좌 조의 사람들은 부부가 공동으로 쓰는 카드를 들고 새 옷을 사러 간 상황을 떠올렸다. 그리고 옷가게에서 마음에 드는 옷 두 벌을 골랐는데 그중 한 옷은 놀러 갈 때 입기 좋은 옷이고, 한 옷은 출근복으로 골랐다. 한편 개인 계좌 조의 사람들도 개인 카드를 들고 간 것 외에 나머지 상황은 모두 같았다. 그리고 이들에게 각각 옷을 선택하는 과정에서 상대방에게 자신의 선택이 합리적이라는 것을 얼마나 열심히 설명할 것인지를 물었다.

그 결과, 공동 계좌를 사용하는 사람들 중 75퍼센트가 출근복으로 적당한 옷을 골랐다. 그리고 개인 계좌를 쓰는 사람들은 60퍼센트만 출근복으로 적당한 옷을 골랐다. 이는 앞서 소개한 실험의 결과와 일치했다. 이뿐만 아니라 연구진은 공동 계좌를 쓰는 사람들은 개인 계좌를 쓰는 사람들에 비해 옷을 고르는 이유로 합리성을 강조했다.

가정 형편이 넉넉하지 않다면, 돈을 아끼기 위해 주로 실용적인 물건을 사게 된다. 이때 공동 계좌를 사용하면 더 좋다. 하지만 형편이 좋아 돈을 버는 이유가 생활에 활력을 주기 위해서라고 생각한다면 각자 개인 계좌를 쓰는 것도 나쁘지 않다.

미움받는 사람이
수입이 더 좋은 이유

　부모 말을 잘 듣는 아이와 천덕꾸러기 아이 중 어떤 아이가 자라서 더 많은 돈을 벌까? 어렸을 때부터 항상 반에서 10등 안에 들던 아이? 규칙을 잘 지키고 어른 말을 잘 듣는 아이? 심성이 착하고 남을 잘 돕는 아이? 그것도 아니라면 말썽꾸러기 아이?

　《발달심리학Developmental Psychology》지에 실렸던 연구를 통해 이 같은 질문에 대한 답을 구할 수 있다. 독일 튀빙겐대학교 마리온 슈펭글러 박사가 이끈 국제 연구진이 12세 어린이 745명이 40년이 지나 52세가 됐을 때까지의 연구 자료를 분석했다.

　연구진이 이용한 자료는 1968년부터 2009년까지 룩셈브루크에서 진행된 대규모 추적조사인 '룩셈부르크 마그리프Luxembourg MAGRIP'에 등록된 것이다. 당시 학생들의 지적 능력, 개성, 성적 등을 측정했다.

여기에는 "학생으로서 해야 할 일을 마땅히 해야 한다고 생각합니까?", "숙제를 열심히 합니까?" 등의 질문도 포함됐다. 그리고 각 학생의 선생님에게 학생의 노력 정도에 대한 점수를 매기도록 했다.

40년 후 연구진은 이 아이들을 추적했고 어른이 된 실험 참가자들에게 스스로의 직업적 성취도, 평균 수입 등을 물었다. 조사 결과 어렸을 때 '멸시받고 규칙을 곧잘 무시했던' 정도와 40년 후의 수입은 정비례했다. 결국 이 지표는 학력과 지능 이외의 것도 수입에 영향을 미친다는 것을 보여 준 것이다.

돈 버는 것을 얼마나 중요시하는지가 관건

어릴 땐 말썽꾸러기였다가 커서는 잘 풀린 사례도 아주 많다. 어쩌면 이들이 자라면서 철이 들어 성공할 수 있었다고 생각할지도 모른다. 하지만 과연 그럴까?

미국 노트르담대학교 저지Judge 교수 연구진은 2012년 타인에게 미움받는 사람이 사랑받는 사람보다 수입이 더 높다는 연구 결과를 발표했다. 이 같은 경향은 특히 남성에게서 유독 쉽게 발견된다고 한다.

실험 결과에서 남자의 경우 미움 지수가 1점(5점 만점) 오를수록 연수입이 6958.08달러 더 올랐다는 것을 확인할 수 있었다.

연구진은 직업 조건이 비슷한 560명을 대상으로 각각의 친화력,

정서적 안정도, 외향성 등을 조사했다. 이 중 친화력은 타인에게 사랑을 받는 정도를 의미한다. 친화력이 높은 사람들은 마음이 따뜻하고 사랑이 넘치며 타인과 교류하는 과정에서 역지사지를 할 줄 알고 동정심이 풍부하다. 이 밖에도 연구진은 학력, 경력, 세전 연봉 등을 물어봤다.

[그림 4-2] 친화력에 따른 남녀 수입의 차이

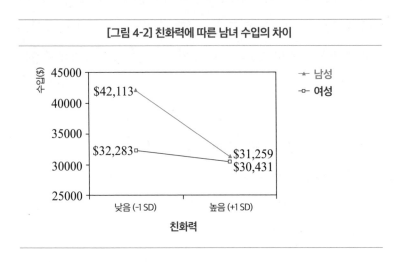

실험 결과, 학력과 직업 등 기타 조건이 비슷할 때 친화력이 높은 사람일수록 연 수입이 더 낮았는데, 이러한 현상은 남성에게서 더욱 명확히 나타났다. 친화력이 평균에 비해 낮았던 남성들은 평균 이상의 친화력을 가진 남성에 비해 18.31퍼센트 더 높은 약 9,772달러를 더 벌었다. 반면 친화력이 평균 이하였던 여성은 친화력이 평균 이상인 여성에 비해 5.47퍼센트인 1,828달러밖에 더 벌지 못했다. 이렇

듯 친화력은 돈을 버는 것에 큰 도움을 주지 않는다.

그렇다면 그동안 긍정적 요소로 꼽힌 친화력이 높은 사람이 왜 돈 버는 데 불리할까? 연구진은 그 이유를 직업의 목적과 무엇을 중점에 두는지에서 찾을 수 있다고 말한다. 연구진은 1,961명의 직장인을 대상으로 일을 하는 이유, 가족이나 친구에게 마음을 잘 털어놓는지 등을 조사했다.

그 결과, 돈 버는 것을 얼마나 중요하게 여기는지는 성별, 친화력, 수입의 정도와 모두 상관관계를 보였다. 그리고 친화력이 낮을수록 돈 버는 것을 더 중요하게 여긴다는 것을 알 수 있었다. 이는 친화력이 좋은 사람들은 사회적 관계를 돈 버는 것보다 더 중요시한다는 것을 말해 준다. 즉, 돈 버는 것을 얼마나 중요시하는지가 수입의 크기를 결정한다는 것이다.

연구진은 친화력이 높은 사람들을 대상으로 생활에 대한 만족도, 스트레스 정도, 인맥 등을 조사했다. 그 결과, 친화력이 높은 사람일수록 삶에 더 만족했고 스트레스도 덜 받았으며 사회 활동을 더 많이 했고 인맥도 더 다양한 것을 발견했다. 따라서 친화력이 높은 사람일수록 수입은 적지만 인간관계 등 교류 면에서는 우위를 차지한다는 것을 알 수 있었다.

07 개천에서 용 나오던 시절은 이제 끝이 난 걸까?

갈수록 빈부격차가 커지면서 이제는 개천에서 용 나기는 힘든 시대라고들 한다. 소득 상위 10퍼센트 가구의 자녀가 명문 대학에 진학할 확률이 하위 10퍼센트의 5배에 이른다는 조사 결과도 있다. 한국뿐만 아니라 중국도 1990년부터 2010년까지 유명 대학의 농촌 학생 비율이 하락하는 현상이 꾸준히 나타나고 있다.

영국 다큐멘터리 〈56UP〉은 1964년 영국의 각기 다른 소득층에 속하는 14명의 동일한 7세 아이들을 7년마다 추적 취재했다. 감독은 이 아이들을 취재할 때 꿈과 일상에 관해 질문했다. 49년의 취재 끝에 부유한 집안의 아이들은 여전히 부유했다. 56세 때에는 정해진 길을 따라 옥스퍼드대학교에 진학하고 졸업 후 변호사가 되어 상류

250

층 사회에서 활동하고 있었다. 하지만 형편이 넉넉지 못한 가정에서 태어난 폴Paul은 양로원에서 수리공을 하고 있었다.

개천에서 용 나온다는 말 자체가 존재한다는 것만으로도 우리는 부모라는 배경이 자식에게 얼마나 큰 영향을 미치는지를 어느 정도 알고 있다고 할 수 있다. 그리고 심리학자들은 이런 현상이 일어나는 이유를 알기 위해 다양한 연구를 진행했다.

가난한 집 아이와 부유한 집 아이의 언어 능력과 기억력

가난한 집에서 태어난 아이들과 부유한 집에서 태어난 아이들의 격차는 비단 공부를 마친 후에만 벌어지는 것이 아니라 아주 어린 유아기 시절부터 이미 벌어지기 시작한다. 미국 컬럼비아대학교의 노블Noble 교수 등은 이에 관해 연구를 진행했다.

실험에는 90명의 9개월 된 아기들과 89명의 15개월 된 아기들이 그 대상이 되었다. 실험 과정에서 부모들은 아기를 6개월 간격을 두고 두 번 실험실에 데려왔다. 연구진은 각각 다른 과제를 주고 아기들의 언어, 기억, 모방 등 다양한 방면의 능력을 관찰하고 기록했다. 그중 언어 능력을 알기 위해 아이들이 다른 언어에 대해 어떤 반응을 보이는지와 얼마나 자기 의사를 잘 표현하는지를 테스트했다. 그리고 주기적으로 실험에 참여한 가정을 방문해 부모들의 학력과 수입, 과거 1년간의 경력, 생활 환경 등을 조사했다. 여기서 학력을 나누는 기준은 교육을 받은 기간을 뜻했으며 16년 이상, 14.5~15.5년,

11~14년으로 구간을 나누었다.

실험 결과, 처음에는 부모의 학력이 아이의 언어 능력과 기억력에 큰 영향을 미치지 않는 것으로 나타났다. 아이가 9개월 혹은 15개월쯤 됐을 때는 아이의 능력과 부모의 학력이 큰 상관성을 보이지 않던 것이다. 하지만 아이가 21개월 정도 자랐을 때부터 부모의 학력은 아이의 언어 능력과 기억력에 영향을 미치기 시작했다. 부모의 학력과 아이의 언어 능력과의 상관도는 0.34(만점 1점)이었으며 기억력과의 상관도는 0.31점이었다.

게다가 언어 능력이든 기억력이든 부모의 학력이 높을수록 아이가 배우는 속도도 더 빠른 것으로 나타났다. 21개월 된 아이의 경우 부모가 교육을 받은 기간이 16년 이상일 때 기억 능력은 부모가 교육받은 기간이 11~14년인 아이에 비해 0.85의 표준차를 보였다. 이러한 차이는 언어 능력에서도 나타났는데 그 크기는 0.77로 나타났다. 즉, 많은 교육을 받은 부모의 자녀일수록 언어로 된 자극을 받아들이는 정도와 표현력이 더 높았다는 것이다.

가정 형편과 뇌 구조의 관계

2015년 노블 등 25명의 연구진은 가정 형편과 뇌 구조와의 관계를 연구한 결과를 발표했다. 연구진은 로스앤젤레스, 샌디에이고, 보스턴, 뉴욕 등 도시에서 실험 참여자 1,099명을 모집했다. 유전자 분석 결과, 실험에 참여한 사람들의 조상은 아프리카, 인디언, 유럽, 동아시아, 중동 등 다양했다. 연구진은 이들에게 수입, 부모의 학력 등을 조사했다. 그리고 MRI 영상을 찍어 각각의 뇌 구조에 대한 데이터를 모았다.

분석 결과, 수입과 부모의 학력 등의 요인은 실제로 그 사람의 뇌 구조와 연관성을 보였다. 유전자나 나이 등의 요인이 비슷한 사람끼리 대조했을 때 부모의 학력과 수입은 대뇌피질 표면과 양의 상관관계를 보이는 것으로 나타났다. 대뇌피질은 기억하는 데 가장 중요한 부위다. 대뇌피질의 면적이 클수록 사고 능력이 강해진다.

부모가 돈을 많이 벌수록, 학력이 높을수록 아이의 대뇌피질 면적은 더 넓어졌다. 따라서 독해나 언어, 공간 지각 등 다양한 방면에서 더 특출날 수 있다. 이 밖에도 스스로를 통제하는 능력 또한 더 우수한 것으로 나타났다.

여기서 주의할 점은 부모의 수입이 어느 평균 이상이 되면 더는 큰 영향을 미치지 못한다는 것이다. 하지만 부모 수입이 평균 이하일 경우 수입의 크기와 아이들의 뇌 사이의 연관성은 더 명확하게 드러났다. 그렇다면 부모의 수입도 높지 않고 학력도 낮은 경우 어떻게 하면 아이가 안 좋은 영향을 받지 않을 수 있을까?

먼저 언어 능력을 살펴보자. 노블 교수의 연구를 보면 부유한 가정의 아이들은 비교적 이른 시기에 평균 3천만 개의 단어를 듣는다고 한다. 즉, 부유한 집안의 언어적 교류는 더 풍부하고 다양하다는 것이다. 따라서 아이의 언어 능력을 길러 주고 싶다면 가능한 한 많은 단어를 사용해 아이와 교류할 것을 권장한다. 책을 많이 읽어 주는 것도 도움이 된다.

다음은 자기 자신을 통제하는 힘을 길러 주는 방법이다. 어린 시절부터 규칙적으로 생활하고 올바른 식습관을 들여놓는다면 아이는 커서도 충분히 자신을 통제할 수 있게 된다. 간단한 집안일을 맡기거나 체육 활동을 시키는 것도 도움이 된다.

개천에서 용 나는 것은 힘들다고 하지만 그렇다고 용이 나올 수 없

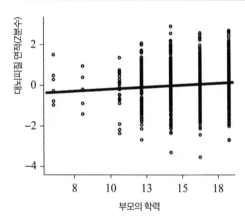

[그림 4-3] 부모의 학력과 아이들의 대뇌피질 면적 간의 관계

다고는 하지 않았다. 개천에서 자랐다고 신세를 한탄하기보다는 올바른 방법으로 스스로를 단련한다면 언젠가 용이 된 자신을 발견할 수 있을 것이다.

당신은 양심을
얼마에 팔 수 있는가?

　당신의 양심은 얼마를 주면 팔 수 있는가? 만일 양심을 사고팔 수 있다면 얼마의 값어치를 매길 수 있을까? 생각하기 쉽게 예를 들어 보자면, 가짜 약을 판다면 얼마에 팔 것인가로 바꿔 생각해 볼 수 있다.

　양심은 개인적 도덕 관념이라고도 한다. 미국 버지니아대학교 조너선 하이트Jonathan Haidt는 도덕 기초 이론Moral Foundations Theory을 처음 제시한 연구진 중 한 명이다. 이 연구진은 전 세계 사람들의 도덕적 가치관을 수집하고 정리한 뒤 연구와 논증을 통해 인간의 도덕 기준을 5가지 유형으로 분류했다.

　연민/증오, 공정/기만, 충성/배반, 권위/복종, 순수/부패

앞쪽의 것들은 도덕의 긍정적인 모습을, 뒤쪽은 부정적인 모습을 의미한다.

우리는 양심을 얼마에 팔까?

사람이라면 응당 양심이 있고, 그에 따라 행동해야 한다는 말은 몇천 년을 전해 내려온 격언에도 등장한다.

그렇다면 우리는 양심을 얼마에 팔 수 있을까? 하이트 박사는 《사이언스》지에 비도덕적인 행위들을 늘어놓고 어느 정도의 돈이 있어야 다른 사람에게 자신의 부도덕적 행위를 이해시킬 수 있을지를 묻는 실험 내용을 발표했다.

5가지 부도덕적 상황을 두고 사람들은 제각기 다른 가격을 제시했다. 예를 들면, 어린아이의 손바닥에 바늘 꽂기, 남의 핸드폰을 훔치기, 모교에 대해 나쁜 말 하기, 부모님 뺨 때리기, 발가벗은 채로 바닥에 엎드려 강아지처럼 행동하기 같은 상황이 있었다. 사실 이 예시에 들어간 상황들은 모두 앞서 말했던 도덕의 5가지 기준에 속하는 것들이다.

하이트 연구진은 스스로 양심의 가격을 평가하게 했지만 반대로 타인의 양심을 평가하게 한 연구도 있었다. 엠턱Mturk(인터넷 설문 조사 사 이트)상에서 참가자를 모집해 절반의 사람들에겐 먼저 자신의 양심에 가격을 매겨본 뒤 그다음으로는 타인의 양심은 얼마일지 추측하게 했다. 나머지 사람들에게는 그 순서를 달리해 양심의 가격을 매기도록 했다. 그러자 사람들은 타인의 양심을 과소평가하는 경향이 짙었다는 결과가 나왔다.

이 밖에도 도덕 유형에 따라 서로 다른 영향을 미친다는 것을 발견했는데, 개인적 도덕(연민, 공정)의 경우 자신과 타인의 양심 사이의 가치 차이가 더 크다는 것을 발견했다. 하지만 공동체 도덕(충성, 권위, 순수)은 자신과 타인의 양심 사이에 차이가 크지 않았다. 우리는 대체로 '연민'과 '공정'이라는 이 두 가지 도덕성에 대해서 남보다 더 뛰어나다고 생각한다.

한 가지 더 재밌는 사실은 이러한 경향은 남성보다 여성에게서 더 강하게 나타난다는 것이다. 연구진은 그 이유를 여성은 인성을 중요시하고 남성은 능력을 중요시하는 서로 다른 가치관 때문이라고 추측했다.

"당신의 양심은 얼마인가?"

돈이라는 보상은
흥미를 파괴한다

금전적 보상은 아이들에게 책을 읽게 만들 순 있어도 책을 좋아하게 만들지는 못한다. 그럼에도 이 세상에는 돈만 있으면 어떤 일도 가능하다고 믿는 사람들이 많다.

1953년 심리학자 슈왑^{Schwab}은 오래 매달리기를 활용한 실험을 했다. 사람들은 평균 45초를 매달렸고, 최면을 통해 오래 매달릴 수 있음을 암시했을 때는 시간이 75초로 늘어났다. 하지만 최면술보다 더 효과적인 것이 있었으니, 바로 직전 기록을 깨기만 하면 5달러(오늘날의 30달러)를 보상으로 준다고 하는 것이었다. 사람들은 이때 평균 110초를 매달렸다.

2007년 영국 런던대학교 페시글리온^{Pessiglione} 등이 진행한 연구에서 실험 참가자들에게 지폐의 사진을 보여 주고 뇌를 스캔했다. 그리고 힘이 아주 많이 들어가는 과제를 주었다. 그 결과, 사람들은 지폐 사진을 봤다는 것을 의식조차 하지 못했는데도(사진이 매우 빠르게 나타났다 사라져 사람들은 사진이 나왔다는 것조차 의식하지 못했다) 과제를 할 때 더 큰 힘을 발휘했다. 또한 스쳐 지나간 사진의 금액이 커질수록 과제 수행에 들어간 힘도 점점 더 커졌다.

돈은 우리로 하여금 거대한 힘을 발휘하게 한다. 그래서 어떤 일을 완수했을 때 그 보상으로 돈을 주면 그 일이 완료될 가능성이 더 커진다. 이렇게 유용한 심리학적 원리는 서커스단에서 동물을 훈련시키거나 생쥐를 이용한 실험에서도 자주 쓰이곤 한다.

"돈은 악마도 쫓는다."라는 말이 있다. 하지만 보상으로 돈을 주는 것이 언제나 먹히는 것은 아니다.

돈으로 보상하는 순간 흥미는 떨어진다

돈으로 어떤 일을 좋아하게 만들 순 없다. 금전 등의 외부 요인은 오히려 그 사람의 내부 동력을 잃게 만들 수도 있다.

수연이는 여덟 살 초등학생이다. 책을 좋아해서 한번 읽기 시작하면 몇 시간이고 독서에 빠지곤 하는데, 마침 수연이가 다니는 학교에서 독서 장려 캠페인을 시작했다. 정해진 독서 목록 안에 있는 책들을 다 읽고 나면 만 원을 주는 형식이었다. 이런 캠페인을 하면 수연이는 전보다 더 많은 책을 읽겠다고 생각할 수도 있겠지만 과연 그전

만큼 책 읽기를 즐길 수 있을까? 그렇지 않다. 책을 읽는 목적이 독서 자체를 즐기는 것에서 상금을 얻기 위한 것으로 바뀌었을 때 독서로 인한 즐거움은 감소한다. 따라서 캠페인이 끝난 후에 수연이는 책 읽기를 전보다 덜 좋아할 확률이 높다.

1976년 카네기멜론대학교 그린Greene과 스탠퍼드대학교 스턴버그 Sternberg, 레퍼Lepper 등 연구진은 이와 관련된 기념비적인 실험을 진행했다. 연구진은 초등학교 선생님에게 아이들과 4가지 수학 게임을 하라고 지시했다. 게임을 시작한 지 13일째가 됐을 때, 아이들이 이 게임을 얼마나 좋아하는지와 게임에 얼마나 많은 시간을 쓰는지를 조사했다. 그 결과, 아이들은 이 게임을 좋아했고 매일 평균 15~25

[그림 4-4] 구간별 아이들이 매일 게임을 하는 데 소비한 시간

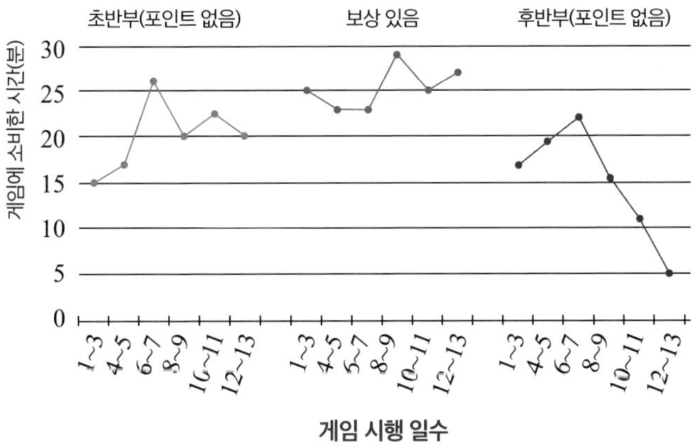

분을 게임을 하는 데 쓴 사실을 알게 되었다.

　그 후 선생님은 수학 게임을 오래 하는 아이들에게 '별'이라는 포인트를 주기로 했다. 그러자 아이들은 매일 23~30분의 시간을 수학 게임을 하는 데 소비했다.

　하지만 포인트를 주는 보상이 끝났을 때 아이들은 더는 게임을 하고 싶어 하지 않았다. 하루 평균 게임을 하는 시간은 더 짧아졌고 나중에는 5분으로 줄어든 학생도 있었다. 보상이라는 장치가 역으로 아이들에게 게임에 대한 흥미를 떨어뜨린 것이다. 아이들은 처음 며칠 간은 스스로 흥미를 느껴 게임에 몰두했다. 하지만 게임을 하는 것이 포인트를 받기 위한 '일'이 되자 보상이 없어짐과 동시에 게임을 할 이유도 사라지게 됐다.

　1973년에 레퍼와 그린 연구진은 미국 과학원의 니스벳Nisbett과 함께 금전적 보상이 아이들에게 미치는 영향을 조사했다. 3~5세 아이들에게 특별한 펜을 사용해 그림을 그리게 했다. 이는 어린아이들에게 아주 신선한 게임이나 다름없었다. 그러곤 그림을 잘 그린 아이들에게는 그 아이들만 알게끔 우수 증서를 주었고 신기한 펜을 보상으로 주었다. 하지만 몇몇 아이는 이 보상을 받지 못했다.

　그 후 연구진은 특별한 펜을 교실 안에 아무렇게나 두고 아이들에게 자유롭게 놀라고 했다. 그런 후 아이들이 자유 활동 시간에 이 펜을 가지고 노는지를 관찰했다. 그 결과, 보상을 받은 아이들은 그렇지 못한 아이들에 비해 펜을 가지고 노는 시간이 훨씬 적다는 것을 발견했다.

외재적 동기가 강해지면 내재적 동기는 사라진다

앞서 들었던 예시에서 수연이는 독서를 좋아하기 때문에 책을 읽는 아이였다. 이를 심리학에서는 '내재적 동기Intrinsic Motivation'라고 한다. 하지만 책 읽기에 대한 보상이 주어졌을 때 수연이는 보상을 위해 책을 읽었다. 이는 '외재적 동기Extrinsic Motivation'라고 한다. 그리고 외재적 동기에 의해 내재적 동기가 약해져 더는 독서를 즐기지 않게 되는 것을 두고 심리학에서는 '과잉 정당화 효과Over-justification effect'라고 한다. 자신의 행위가 외재적 동기에 의해 행해질 때 사람들의 내재적 동기는 약화되고 만다.

학생들은 성적을 관리하기 위해, 그리고 어른들의 인정을 받기 위해 공부를 함으로써 공부에 대한 흥미를 잃게 되는 경우가 많다. 어렸을 때 보상을 제공하며 공부 습관을 들인 것이 그 원인이라는 점을 부모들은 모른다. 물론 무조건 보상이라는 수단을 활용하지 말라는 것은 아니다. 내재적 동기가 약할 때 어느 정도의 보상은 효과가 있다. 만약 앞선 예시에서 수연이가 책을 원래 좋아하지 않는 아이였다면 보상을 통해 책 읽는 습관을 들이는 연습을 할 수 있다. 이는 비단 학생뿐 아니라 성인에게서도 찾아볼 수 있는 현상이나.

미국의 한 은퇴자가 변호사를 찾아가 1시간에 30달러만 받고 도움이 필요한 은퇴자들에게 도움을 줄 수 있는지를 물었다. 그러자 변호사들은 한결같이 그럴 수 없다고 말했다. 하지만 무료로 자문을 해줄 수 있는지를 물었을 땐 대부분 변호사가 허락했다. 그 이유는 돈에 있었다. 변호사들은 시장 규칙에 따라, 자문료를 제시했을 때는 불가능한 액수라고 생각했지만, 무료 봉사를 제시했을 때는 괜찮다고 여기고 제안을 수락한 것이다.

광저우 아시안게임 당시 우리 연구진은 이러한 현상을 설명해 줄 한 가지 실험을 진행했다. 조사 대상 중 절반의 사람들에게는 아시안게임 현장에서 무료 봉사를 할 의향이 있는지를 물었고, 나머지 절반에게는 매일 50위안(한화 약 만 원)을 받고 봉사할 의향이 있는지를 물었다. 그 결과 후자의 경우 의향이 있다고 대답한 숫자가 훨씬 적었다. 이는 사람들이 일보다 취미를 왜 더 좋아하는지를 잘 설명해 준다. NBA의 전설적인 농구선수 빌 러셀Bill Russell은 이렇게 말했다.

"제가 처음 농구로 집안을 먹여 살려야 할지 고민하기 시작한 후부터 농구라는 운동에 대한 매력이 떨어졌습니다."

10

부자와 빈자 중
누가 더 인색할까

홍콩 영화를 보면 부자들이 비싼 차를 타고 화려한 집에 살며 돈을 그저 종이 보듯 하는 모습이 자주 등장한다. 하지만 현실 속 대부분의 부자는 절대 그렇지 않다. 부자에게 돈을 빌리거나 부자에게서 밥을 얻어먹는 것이 더 어렵다는 말은 괜히 나온 말이 아니다.

미국의 부호들이 엄청난 금액을 기부했다는 뉴스는 일상에서 흔하게 접할 수 있다. 2017년 《포브스》가 발표한 미국 자선가 순위에서 투자의 신이라 불리는 워런 버핏은 3년 연속 1등을 차지했다. 그가 기부한 금액은 2016년 무려 28.6억 달러에 달했다. 그렇다고 부자들이 반드시 이렇게 기부를 많이 하는 것은 아니다.

2011년 미국 전 지역 기부액 조사에 따르면, 20퍼센트의 부호들이 평균 1.3퍼센트의 수입을 기부에 사용했고, 수입 피라미드의 저층에 위치한 미국 인구의 20퍼센트의 사람들이 평균 3.2퍼센트의 수입을 기부한 사실이 드러났다. 2010년 미국 캘리포니아대학교 사회심리학자 피프Piff 연구진은 이 실험을 통해 부자들이라고 해서 반드시 자비로운 것은 아니라는 점을 발견했다.

실험은 수입 격차가 있는 124명이 참가했다. 그중에는 연 수입이 무려 20만 달러인 사람도 있었다. 참가자들은 연구진에게서 받은 일정 금액의 돈을 다른 사람에게 나눠 줘야 한다. 그 결과, 수입이 적은 사람들이 타인 몫의 돈을 더 챙겨 줬다. 그들은 타인이 돈을 더 가져가는 것을 개의치 않아 했다.

사람들은 가난한 사람들이 일상에서 돈으로 인해 스트레스를 받아 더욱 이기적이고 돈을 나누는 게임에서 자기 몫을 더 챙길 것이라고 생각한다. 하지만 실험에서 나온 결과는 달랐다. 그 이유에 대해 연구진은 가난한 사람들은 사회적 관계에 의지해 돈을 벌기 때문에 타인에 대한 동정심을 더 느낀다는 것이다.

반면 부자들은 일반적으로 자신의 능력에 따라 수익이 달라지기 때문에 자신의 욕망과 행복을 중요시한다. 따라서 남이 무엇을 원하는지는 상대적으로 덜 중요하게 여긴다는 것이다.

경제 불평등의 심각성이 부자들에게 미치는 영향

프랑스 소설 『외제니 그랑데』에는 탐욕적인 영감 그랑데가 나온다. 돈이 많지만 그는 여전히 허름한 집에 살았다. 그리고 매일 가족들에게 식량과 초를 직접 나눠 줬다. 돈은 그에게 세상의 전부였고 돈이 없는 세상은 상상할 수도 없었다. 소설 속 부자의 이러한 모습은 우리에게 '부자들은 정말 인색한가?'라는 의문을 갖게 한다.

2015년 토론토대학교 꼬뜨Côté와 하우자Housea 그리고 스탠퍼드대학교 윌러Willer는 거시 경제 환경의 불평등 정도가 부호에게 미치는 영향을 연구한 결과를 발표했다.

연구진은 먼저 1,498명을 대상으로 설문 조사를 진행했는데, 그 결과, 수입과 관대함 사이의 상관관계를 찾아볼 수 없었다. 이 같은 결과는 부자라고 해서 반드시 인색하지는 않다는 것을 말해 준다. 하지만 경제 불평등이 심한 지역에 사는 부자들은 돈을 쓰는 것에 대해 비교적 인색했지만, 경제 불평등이 적은 지역에 사는 부자들은 훨씬 관대하다는 사실이 드러났다.

연구진은 704명의 실험 참가자들에게 10장의 추첨권을 주고 다른 사람들과 나눠 가지게 했다. 그리고 나눠 준 추첨권의 수량이 많을수록 그 사람을 더 관대하다고 평가했다. 이 중 절반의 사람들은 추첨권을 받기 전 경제 불평등 지수에 관한 데이터를 보았고 나머지 절반은 경제 평등 지수에 관한 데이터를 보았다.

실험 결과, 경제 불평등 지수를 본 사람 중에는 가난한 사람들보다 부자들이 더 인색했던 반면 경제 평등 지수를 본 사람들은 수입의 크기와 관계없이 추첨권을 비슷하게 나눴다. 이 같은 결과를 통해 우리는 부자들이 유독 인색했던 것은 경제적 불평등의 영향을 받았기 때문임을 알 수 있다.

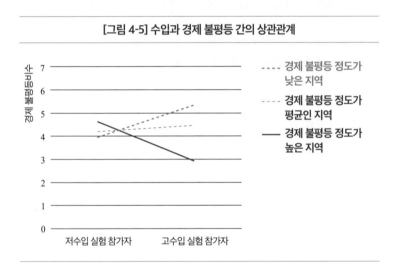

[그림 4-5] 수입과 경제 불평등 간의 상관관계

　　왜 부의 불평등이 심각한 지역에 사는 부자들이 인색해지는 현상이 나타날까? 연구진은 이 같은 환경에서 생활하는 부자들은 자신이 대부분의 사람과는 다른 사회 특수 계층에 속한다고 생각하기 때문이라고 말한다. 이들은 자신들이 가진 특권을 놓칠까 봐 전전긍긍하기 때문에 손에 쥔 돈과 권력을 더욱 놓지 않으려고 한다.

11 돈을 보는 것만으로도 이기적이 된다

부자와 가난한 사람 중 누구의 도덕 수준이 더 높을까?

우리는 각종 생계형 범죄를 저지른 사람들이 형편이 나아지면 더 도덕적으로 변하리라 생각한다. 하지만 동시에 부자들이 이익을 위해 각종 불법 행위를 저질렀다는 소식도 자주 듣는다.

부자들은 정말 그 정도로 이기적일까? 경제학에는 '한계 효용 체감 법칙'이라는 유명한 개념이 있다. 예를 들어, 가진 돈이 만 원밖에 없을 때 만 원을 더 준다고 하면 어떤 위험도 감수하게 된다. 하지만 이미 천만 원을 가진 상태에서 만 원을 더 준다고 하면 별로 구미가 당기지 않을 것이다. 즉, 가진 돈이 일정한 양에 다다랐을 때 그 이상의 돈이 가져다주는 효용은 점점 줄어든다는 것이다.

경제학자들은 이 같은 원리를 이용해 연봉이 오른다면 사람들은 더 이상 돈을 위해 나쁜 일을 저지르지 않고 도덕 수준 또한 상승할 것으로 예측했다.

부자들의 도덕 수준

2012년 캘리포니아대학교 심리학자 피프 연구진의 연구 결과를 보면 정말 부자들의 도덕 수준이 높은지를 확인할 수 있다. 이 실험에서 연구진은 한 노인이 신호등이 없는 횡단보도에서 길을 건너려고 할 때 과연 차들이 그를 위해 멈출 것인지를 관찰했다.

실험이 진행되는 동안 총 152명 운전자의 행위를 조사했고, 그중에는 비싼 차를 타는 사람도 있었다. 조사 결과 비싼 차 운전자는 횡단보도를 빠른 속도로 지나쳤고 행인들에게 양보하지 않는 비율이 일반 차 운전자에 비해 4배 더 높았다. 또한 교통 법규를 지키지 않은 비율도 비싼 차 운전자가 일반 차 운전자에 비해 3배 더 높았다. 이는 비싼 차 운전자들이 일반 차 운전자들보다 더 이기적이라는 사실을 알려 준다.

이어진 실험에선 대학생 129명이 참여했다. 연구진은 그중 절반의 학생들에게는 자신을 높은 사회 계층의 사람들과 비교하게 했고, 나머지 절반의 학생들에게는 자신을 낮은 사회 계층 사람들과 비교하게 했다. 전자의 경우, 학생들은 자신이 가난하다는 생각이 들었을 테고, 후자의 경우엔 자신의 형편이 그래도 괜찮다는 생각이 들었을 테다. 이후 연구진은 학생들에게 사탕 통을 건네며 원하는 만큼 가져가도 좋다고 말했다. 그리고 가져가고 남은 사탕은 옆 교실의 아이들에게 나눠 줄 것이라고 말했다.

실험 결과, 자신의 형편이 좋다고 생각한 학생들은 그렇지 않은 학생들보다 사탕을 평균 2개 더 가져갔다. 이는 사람들이 자신의 형편이 좋다고 생각할 때 더 이기적으로 되어 남을 위해 덜 남긴다는 것을 말해 준다.

이번에는 실험 참여자들이 일할 때 부도덕한 행위를 저지를지 알 수 있는 실험으로 90명을 대상으로 질문 12개가 담긴 설문 조사를 진행했다. 조사 결과, 돈이 많은 사람이 포스기에서 20달러의 현금을 빼 갈 가능성이 더 크다는 결과가 나왔다. 게다가 돈이 많은 사람일수록 고객을 속이고 돈을 더 받을 가능성도 컸다. 이를 통해 우리는 부자일수록 비도덕적인 행위를 한다는 것을 알 수 있다.

연구진은 이러한 현상이 나타나는 원인으로 부자들의 잘못된 생각을 꼽는다. 그들은 부자들이 일반 사람들보다 더 자기중심적이며 개인의 이익을 우선으로 생각하고 남보다 자신이 더 중요하다고 생각한다고 여긴다. 위 실험을 예로 들면 행인이 길을 건너는 것보다 자신이 목적지에 도착하는 데 걸리는 시간이 더 중요하기 때문에 길을 비켜 주지 않는다는 것이다.

노스캐롤라이나대학교의 지노[Gino]와 워싱턴대학교의 피어스[Pierce]는 연구를 통해 사실 부자가 아니더라도 돈을 보거나 상상하기만 해도 사람들은 더 이기적으로 변하고 이것이 심한 경우 비도덕적인 행동으로 이어진다는 것을 발견했다.

돈을 보기만 해도 비도덕적인 행위를 할 가능성이 올라간다.

실험 참가자들을 부자와 가난한 자 두 조로 나누었다. 그중 부자 조에 속하게 된 참가자들은 첫 번째 교실에 들어가 2개의 책상 위에 가득 쌓인 1달러 지폐 7천 장을 보고 여기서 24달러를 빼서 참가자들에게 주었다. 그리고 가난한 자 조에 속한 참가자들은 두 번째 교실에 들어갔고 책상 위에는 1달러 지폐 24장만이 있었다. 그리고 이들에게 24달러 전부를 주었다.

이윽고 참가자들은 총 8단계로 이루어진 게임을 했다. 이들은 매 단계에서 2분 안에 영어 단어를 맞혀야 한다. 그리고 한 단계 내에서 12개 단어를 맞힌 사람은 3달러를 받을 수 있다. 이 게임의 특징은 바로 참가자가 스스로 채점할 수 있다는 것이었다. 이는 곧 참가자들이 더 많은 보상을 받기 위해 점수를 조작할 수도 있다는 것을 의미한다. 실험 결과, 부자 조에 속한 사람들의 점수 조작 비중이 더 높았다. 연구진은 이를 통해 많은 액수의 돈을 보기만 해도 비도덕적인 행위를 할 가능성이 올라간다는 것을 알 수 있다.

계속해서 참가자들의 감정을 측정한 결과 가난한 자 조에 속한 사람들에 비해 부자 조에 속한 사람들의 질투심이 더 많다는 것을 발견했다. 바로 이 질투심이 개인적 이익을 도덕보다 앞세우는 결과를 초래한다는 것이다.

결과를 좀 더 확실히 하기 위해 이번엔 108명 성인을 대상으로 또 다른 설문 조사를 진행했다. 참가자들은 자신이 일할 사람을 모집하는 중이라고 생각하고 구직자들과 연봉 협상을 하는 상황을 상상했다. 이는 실험 참가자들이 자신의 이익을 위해 어느 정도 거짓말을 할 수 있는지를 알아보는 실험이었다. 이 밖에도 연구진은 참가자들의 탐욕에 대한 태도를 측정했다. 그 결과, 돈이 많은 사람은 탐욕을 긍정적으로 생각했으며, 이러한 신념은 이익을 위해 거짓말을 하는 행동으로 이어진다는 사실이 드러났다. 결국 **돈은 아무런 잘못이 없으며 모든 잘못은 전부 돈에 대한 인간의 탐욕에서 비롯되었다는 것을 알 수 있다.**

경제학 지식이
도덕에 미치는 영향

경제학과나 금융과 관련된 학과의 인기는 언제나 뜨겁다. 하지만 이러한 학문을 배움으로써 생각지도 못한 큰 영향을 받을 수도 있다는 것은 몰랐을 것이다.

1993년 프랑크Frank, 길로비치 등은 각종 학과의 교수를 대상으로 기부 경험이 있는지를 물었다. 그 결과, 경제학 교수들은 평균 수입이 다른 학과 교수들보다 더 높았음에도 불구하고 조사 대상 중 9.3퍼센트가 기부 경험이 없다고 답했다. 이는 전체 기부 경험이 없다고 말한 교수의 비중보다 1.1퍼센트나 더 높은 수치였다.

그렇다면 경제학이라는 학문이 남을 돕지 않도록 만든 것일까? 아니면 원래 남을 잘 돕지 않는 사람들이 경제학을 선택하는 것일까?

이 문제를 해결하기 위해 길로비치 연구진은 한 대학에서 다음과 같은 실험을 진행했다.

이 실험을 위해 이 대학의 미시 경제학 수업과 게임 이론에 관한 경제학 수업 그리고 천문학 수업 하나를 골랐다. 이 실험은 학기 초와 학기 말, 총 두 번에 걸쳐 진행됐는데, 학생들은 매번 자신이 주운 돈이 든 봉투가 원래 주인에게 돌아갈 확률을 추측한다. 그리고 학생들은 한 학기 동안 각 수업의 지식에 '세뇌'를 당했다.

그 결과, 미시 경제학 수업은 돈이 원래 주인에게 돌아갈 확률의 예측치를 25퍼센트 하락시켰고, 게임 이론 수업은 29퍼센트 하락시켰다. 하지만 천문학 수업을 들은 학생들은 학기 초와 학기 말에 모두 비슷한 예측치를 내놓으며 수업에 의한 '부작용'을 보이지 않았다.

경제학은 공공의 이익보다 개인의 이익을 앞세운다

왜 경제학만 유독 이러한 '부작용'을 일으키는 걸까? 연구진은 미시 경제학에서 배우는 다양한 모형과 게임 이론에서 배우는 개인적 선택의 결과가 미치는 영향 등을 통해 학생들이 더욱 이기적인 사람이 되었기 때문이라고 말한다.

경제학이란 이성을 강조하는 학문이다. 우리를 각종 상황에서 계산하고 가장 높은 이득을 주는 것을 선택한다는 '합리적 소비자'로 가정하는 것이 곧 경제학 이론의 근간을 형성한다. 따라서 이러한 학문을 배우는 사람들은 이득을 도덕보다 더 앞세우는 것이 자연스럽다고 생각한다.

1981년 미국 위스콘신대학교 마웰Marwell과 에임스Ames는 경제학과 학생들과 다른 학과 학생들을 비교하는 실험을 진행했다. '무임승차 실험Free-Rider Experiments'이라고 부르는 이 실험에서 학생들은 연구진이 나눠 준 돈을 혼자 갖거나 그중 얼마를 실험 참가자들의 공공 계좌에 넣는 선택을 할 수 있다. 실험이 끝나면 혼자 가진 돈은 그 액수 그대로 가지고 나갈 수 있고, 공공 계좌에 넣은 돈은 그 돈의 세 배를 실험에 참여한 모든 사람에게 공평하게 배분해 준다.

실험 결과, 경제학과 학생이 공공 계좌에 넣은 돈은 다른 학과 학생이 공공 계좌에 넣은 돈보다 29퍼센트 더 적었다. 경제학과 학생들은 개인적 이익을 더 우선시했다.

모두가 함께 사는 지구 환경을 보호하기 위해 대중교통을 자주 이용한다거나 공용 자전거를 함부로 사용하지 않는 것 등 이 세상에는 공공의 이익을 위해 지켜야 할 다양한 약속이 있다. 하지만 극단적인 합리성을 추구하는 경제학 이론대로만 사는 사람들이 이 세상의 대부분을 차지한다면 모두가 함께 누려야 할 공공의 이익은 어느새 사라지고 없을 것이다.

도덕성을 훼손하는
징벌제도

13

　벌금이 행동을 변화시키는 데 가장 효과적이라고 생각하는 사람들이 있다. 하지만 언제나 그런 것은 아닐뿐더러 벌금을 내는 사람이 더 부도덕한 행동을 하게 만들기도 한다.

　국가, 회사, 개인 등 그 주체를 불문하고 돈을 활용한 상벌은 특정 행위를 하도록 사람들을 격려하거나 어떤 것을 약속하는 데 쓰인다. 세수, 장학금, 벌금, 보조금, 조세 환급 등 경제 정책은 바로 이 같은 개념에 기초해 있다. 벌금으로 확실한 효과를 거두는 정책들을 보면 그 위력이 매우 강력해 보인다. 하지만 돈을 활용한 징벌제도를 통해 언제나 효과를 볼 수 있는 것은 아니다.

　이스라엘의 한 딕아소에서 그 사례를 찾아볼 수 있다. 이 탁아소는 부모들이 아이를 늦게 데리러 올 때마다 아이를 돌봐 주는 선생님들이 연장근무를 해야 했다. 이를 방지하기 위해 늦은 시간 방문한 부모에게 벌금을 내게 했다. 하지만 의외의 결과가 나타났다. 많은 부모가 벌금 제도 시행 전보다 더 늦게 아이를 데리러 온 것이다. 결국 탁아소는 12주 만에 벌금 제도를 중단했다. 그런데 그 후에도 부모들이 아이를 데리러 오는 시간은 더 늦어졌다. 이것이 바로 벌금제도가 제 역할을 다하지 못했을 뿐만 아니라 문제를 더욱 심각하게 만든 사례다.

죄책감은 한 번 잃으면 예전으로 돌아가기 힘들다

볼레Bowle 교수는 2008년 《사이언스Science》지에 돈에 기초한 격려와 징벌제도가 사람의 도덕성을 떨어뜨릴 수 있다는 내용의 글을 게재했다. 예를 들어 위의 이스라엘 탁아소의 사례에서도 볼 수 있듯이 벌금제도 시행 전에는 부모들이 지각할 때면 선생님에게 민폐를 끼치는 데 죄책감을 느껴 최대한 늦지 않으려고 애썼다. 하지만 벌금제도를 시행하자 부모들은 벌금을 내는 것으로 죄책감에서 벗어났고 오히려 연장근무를 하는 선생님에게 경제적 보상을 했다고 스스로 합리화했다. 이러한 생각은 부모들이 당당하게 늦어도 된다는 생각을 하게 만들었다.

그렇다면 벌금 정책이 없어진 후에도 학부모들이 여전히 늦었던 이유는 무엇일까? 바로 **죄책감은 한 번 잃고 나면 다시 되돌리기가**

무척 어렵기 때문이다. 사람들은 도덕성의 하한선을 뛰어넘으면 그 뒤로는 예전 상태로 돌아가기 힘들다.

2000년 취리히대학교의 팔킨저Falkinger 연구진은 '공공이익'과 관련된 경제 게임 실험을 진행했다. 이 게임에서는 개인의 이익과 집단 이익이 상호 간에 충돌하게 한 후, 참가자는 스스로 집단 이익을 위해 개인의 이익을 희생해야만 한다. 그중 일부의 사람들은 희생하지 않을 때 벌금을 내야 하는 규칙이 있고, 다른 일부 사람들은 이런 규칙이 없는 게임을 했다. 시간이 지나고 두 조의 참가자들 모두 벌금이 없는 게임을 한 번 더 진행했다. 그러자 벌금이 있는 게임을 했던 사람들은 벌금이 사라지자 희생을 하겠다는 비율이 벌금이 없는 게임을 했던 사람들에 비해 26퍼센트 더 줄어들었다. 벌금이 사라지자 더는 개인을 희생하고 싶지 않아진 것이다.

벌금은 도덕성을 떨어뜨리고 내재적 동기를 잃게 한다

벌금은 사람들이 어떤 행동을 할 때의 '내재적 동기'를 잃게 만든다. '내재적 동기'란 쉽게 말해 지각했을 때 선생님에게 느끼는 양심의 가책이나 공공의 이익을 위해 희생함으로써 얻는 개인의 영광 같은 것을 말한다. 이러한 감정은 모두 벌금으로 인해 아주 쉽게 사라져 버린다. 그뿐만 아니라 벌금은 사람과 사람 간의 믿음과 존중을 무너뜨리기도 한다.

2006년 독일 본대학교의 팔크Falk와 코스펠트Kosfeld 연구진은 한 경제 게임을 통한 실험을 진행했다. 이 게임에는 사장과 직원이 등장한다. 직원이 생산 작업을 열심히 할수록 사장은 더 많은 이익을 얻는다. 하지만 어느 정도의 노력을 넘어서면 사장은 손해를 본다.

처음에 사장은 직원에게 스스로 생산량을 결정할지, 아니면 자신이 최소 생산량을 결정해 줄지를 선택할 수 있게 했다. 그리고 어느 것을 선택하든 직원이 생산 할당량을 채우지 못하면 벌금을 내도록 했다.

그 결과, 사장이 먼저 직원에게 최저 생산량을 정해 준 경우 최종 생산량이 줄어들었다. 심지어 이때 직원들의 생산량은 사장이 아무런 생산량을 규정하지 않았을 때보다 적었다. 그리고 최저 생산량을 적게 규정한 사장이 얻는 이익은 생산량 규정을 하지 않았을 때의 절반에 불과했다. 중간 정도의 최저 생산량을 규정한 경우엔 이익이 적은 최저 생산량을 규정했을 때에 비해 3분의 1로 떨어졌다. 게임 직후 참가자들과의 대화에서 많은 직원 역할 참가자들이 최저 생산량이 정해졌을 때 사장의 신임을 받지 못하는 것처럼 느꼈다고 말했다. 여기서 벌금은 사장의 직원에 대한 태도를 해석하는 수단으로 사용되었다.

스위스 경제학자 페어Fehr와 록켄바흐Rockenbach는 2003년 《네이처》지에 관련 연구를 발표했다. 실험에 참여한 독일 학생들은 신임에 대한 경제적 결정법이라는 게임을 했다. 이 게임에는 투자자와 펀드매니저가 등장한다. 투자자들은 각각 2,000원 정도의 돈을 받고 이 돈을 펀드매니저에게 맡길지 말지를 결정한다. 만약 펀드매니저에게 돈을 맡긴다면 이 돈은 세 배로 불어날 것이다. 그리고 펀드매니저에게 번 돈의 얼마를 떼어 줄지를 결정해야 한다. 다만 이 게임의 특별한 점은 투자자가 펀드매니저에게 돈을 맡길 때 원하는 최저 수익을 정할 수 있다는 것이었다. 또한 펀드매니저가 이보다 낮은 수익을 돌려줄 경우 그에 상응하는 벌금을 내게끔 할 수도 있었다.

실험 결과, 투자자들의 3분의 1만 펀드매니저에 대한 신임도가 높았고 벌금 또한 물리지 않았다. 그리고 나머지 투자자들의 3분의 2는 펀드매니저를 별로 믿지 않았고 벌금에 의존해 자신의 이익을 보장받길 원했다. 하지만 흥미롭게도 펀드매니저를 신임한 경우 투자자들의 수익이 더 높았다. 그들이 받은 수익은 벌금을 물린 투자자들에 비해 약 50퍼센트가 더 많았다. 투자자들이 벌금이라는 장치를 통해 펀드매니저를 위협할 때 돌아오는 수익은 훨씬 적었다.

벌금은 어떤 행동을 장려하기 위해 일상에서 흔히 쓰이는 수단이다. 하지만 언제나 벌금이 제 역할을 다하는 것은 아니다.

1장

- **VAN BOVEN L, CAMPBELL M C, GILOVICH T.** Stigmatizing materialism: on stereotypes and impressions of materialistic and experiential pursuits [J]. Personality and social psychology bulletin, 2010, 36 (4): 551 –563.
- **VOHS K D, MEAD N L, GOODE M R.** The psychological consequences of money [J]. Science, 2006, 314 (5802): 1154 –1156.
- **QUOIDBACH J, DUNN E W, PETRIDES K V,** et al. Money giveth, money taketh away: the dual effect of wealth on happiness [J]. Psychological science, 2010, 21: 759 –763.
- **MACHT M, MEININGER J, ROTH J.** The pleasures of eating: a qualitative analysis [J]. Journal of happiness studies, 2005, 6: 137 –160.
- **QUOIDBACH J, DUNN E W, HANSENNE M,** et al. The price of abundance how a wealth of experiences impoverishes savoring [J]. Personality and social psychology bulletin, 2015, 41 (3): 393 –404.
- **QUOIDBACH J, DUNN E W.** Give it up: a strategy for combating hedonic adaptation [J]. Social psychological and personality science, 2013, 4 (5): 563 –568.
- **DUNN E W, GILBERT D T, WILSON T D.** If money doesn't make you happy, then youprobably aren't spending it right [J]. Journal of consumer psychology, 2011, 21 (2): 115 –125.
- **DIENER E, BISWAS-DIENER R.** Will money increase subjective well-being? [J]. Social indicators research, 2002, 57 (2): 119 –169.

- STRACK F, MARTIN L L, SCHWARZ N. Priming and communication: social determinants of information use in judgments of life satisfaction [J]. European journal of social psychology, 2010, 18 (5): 429 -442.
- KAHNEMAN D, KRUEGER A B, SCHKADE D, et al. Would you be happier if you were richer? a focusing illusion [J]. Science, 2006, 312 (5782): 1908 -1910.
- SCHKADE D A, KAHNEMAN D. Does living in california make people happy? a focusing illusion in judgments of life satisfaction [J]. Psychological science, 1998, 9 (5): 340 -346.
- ZHOU X, Vohs K D, BAUMEISTER R F, et al. The symbolic power of money:reminders of money alter social distress and physical pain [J]. Psychological science, 2009, 20 (6): 700 -706.
- KAHNEMAN D, DEATON A. High income improves evaluation of life but not emotional well-being [J]. Proceedings of the national academy of sciences of the United States of America, 2010, 107 (38): 16489 -16493.
- VOHS K D, MEAD N L, GOODE M R, et al. The psychological consequences of money [J]. Science, 2006, 314 (5802): 1154 -1156.
- 女儿患癌去世父母将246 万善款全数捐给红十字会环球网. https: / / m. huanqiu. com/article/9CaKrnJUNFL.
- SMITHC A, ELLSWORTH P C. Patterns of cognitive appraisal in emotion [J]. Journal of personality and social psychology, 1985, 48 (4): 813 -838.
- LEVAV J, MCGRAW A P. Emotional accounting: how feelings about money influence consumer choice [J]. Journal of marketing research, 2009, 46 (1): 66 -80.
- SUNDIE J M, KENRICK D T, GRISKEVICIUS V, et al. Peacocks, Porsches, and Thorstein Veblen: conspicuous consumption as a sexual signaling system [J]. Journal of personality and social psychology, 2011, 100 (4): 664 -680.
- ROBERT T. Parental investment and sexual selection [J]. Sexual selection & the descent of man, Aldine de gruyter, New York, 1972: 136 -179.
- BUSS D M. The strategies of human mating [J]. American scientist, 1994, 82 (3):238 -249.
- MURO F D, NOSEWORTHY T J. Money isn't everything, but it helps if it doesn't look used: how the physical appearance of money influences spending [J]. Journal of consumer research, 2013, 39 (6): 1330 -1342.
- LERNER J S, SMALL D A, LOEWENSTEIN G. Heart strings and purse strings: carryover effects of emotions on economic decisions. [J]. Psychological science, 2010, 15 (5): 337 -341.
- YANY Q, WU X, ZHOU X, et al. Diverging effects of clean versus dirty money on attitudes, values, and interpersonal behavior [J]. Journal of personality and social

psychology, 2013, 104 (3): 473 -489.

- **GALNOI C , NOSEWORTHY T J.** Does dirty money influence product valuations? [J]. Journal of consumer psychology, 2015, 25 (2): 304 -310.

- **HAMERMESH D S, BIDDLE J E.** Beauty and the labor market [J]. The American economic review, 1993, 84 (5): 1174 -1194.

- **QUINN R E.** Productivity and the process of organizational improvement: why we cannot talk to each other [J]. Public administration review, 1978, 38 (1).

- **ROSZELL P, KENNEDY D, GRABB E G,** et al. Physical attractiveness and income attainment among Canadians [J]. The journal of psychology, 1989, 123 (6): 547 -559.

- **FRIEZE I H, OLSON J E, RUSSELL J,** et al. Attractiveness and income for men and women in management1 [J]. Journal of applied social psychology, 1991, 21 (13):1039 -1057.

- **RULE N O, AMBADY N.** The face of success inferences from chief executive officers' appearance predict company profits [J]. Psychological science, 2008, 19 (2): 109 -111.

- **RULE N O, AMBADY N.** She's got the look: inferences from female chief executive officers' faces predict their success [J]. Sex roles, 2009: 644 -652.

- **RULE N O, AMBADY N.** Judgments of power from college yearbook photos and later career success [J]. Social psychological and personality science, 2011, 2 (2): 154 -158.

- **SCZESNY S, SPREEMANN S, STAHLBERG D,** et al. Masculine = Competent? Physical appearance and sex as sources of gender-stereotypic attributions [J]. Swiss journal of psychology, 2006, 65 (1): 15 -23.

- **HEILMAN M E, STOPECK M H.** Attractiveness and corporate success: different causal attributions for males and females [J]. Journal of applied psychology, 1985, 70 (2): 379 -388.

- **AGTHE M, SPORRLE M, MANER J K,** et al. Does being attractive always help? Positive and negative effects of attractiveness on social decision making [J]. Personality and social psychology bulletin, 2011, 37 (8): 1042 -1054.

- **PFEIFER C.** Physical attractiveness, employment and earnings [J]. Applied economics letters, 2012, 19 (6): 505 -510.

- **FRIEZE I H, OLSON J E, GOOD D C.** Perceived and actual discrimination in the salaries of male and female managers [J]. Journal of Applied Social Psychology, 1990, 20 (1): 46 -67.

- **YOUNG T J, FRENCH L A.** HEIGTHS of U. S. Presidents: a trend analysis for 1948 -1996 [J]. Perceptual and motor skills, 1998, 87 (1): 321 -322.

· EGOLF D, CORDER L E. Height differences of low and high job status, female and male corporate employees [J]. Sex roles, 1991: 365 -373.

· YOUNG T J, FRENCH L A. Height and perceived competence of U. S. presidents [J]. Perceptual and motor skills, 1996, 82 (3): 1002 -1002.

· LUNDBORG P, et al. The height hremium in earnings: the role of physical capacity and cognitive and non-cognitive Skills [J]. Social science electronic publishing, 2009.

· TYRRELL J, JONES S E, BEAUMONT R N, et al. Height, body mass index, and socioeconomic status: mendelian randomisation study in UK Biobank [J]. BMJ, 2016.

· WILSON P R. Perceptual distortion of height as a function of ascribed academic status [J]. Journal of social psychology, 1968, 74 (1): 97 -102.

· HIGHAM P A, CARMENT D W. The rise and fall of politicians: the judged heights of Broadbent, Mulroney and Turner before and after the 1988 Canadian federal election. [J]. Canadian journal of behavioural science/ revue canadienne des sciences du comportement, 1992, 24 (3): 404 -409.

· CHRISTENSON G A, FABER R J, DE ZWAAN M, et al. Compulsive buying:descriptive characteristics and psychiatric comorbidity [J]. The journal of clinical psychiatry, 1994.

· RICHINS M L. When wanting is better than having: materialism, transformation expectations, and product-evoked emotions in the purchase process [J]. Journal of consumer research, 2012, 40 (1): 1 -18.

· BELK R W. Possessions and the extended self [J]. Journal of consumer research, 1988, 15 (2): 139 -168.

· GER G, BELK R W. I'd like to buy the world a coke: consumptionscapes of the "less affluent world" [J]. Journal of consumer policy, 1996, 19 (3): 271 -304.

· BELK R W. Three scales to measure constructs related to materialism: reliability, validity, and relationships to measures of happiness [J]. ACR north American advances, 1984.

· JIANG J, ZHANG Y, KE Y, et al. Can't buy me friendship? Peer rejection and adolescent materialism: implicit self-esteem as a mediator [J]. Journal of experimental social psychology, 2015: 48 -55.

· ISAKSEN K J, ROPER S. The commodification of self - Esteem: branding and british teenagers [J]. Psychology & marketing, 2012, 29 (3): 117 -135.

· KEEFER L A, LANDAU M J, ROTHSCHILD Z K, et al. Attachment to objects as compensation for close others' perceived unreliability [J]. Journal of experimental social psychology, 2012, 48 (4): 912 -917.

· **ZHOU X, VOHS K D, BAUMEISTER R F,** et al. The symbolic power of money:reminders of money alter social distress and physical pain [J]. Psychological science, 2009, 20 (6): 700 -706.

· **DEAN L R, CARROLL J S, YANG C,** et al. Materialism, perceived financial problems, and marital satisfaction [J]. Family and consumer sciences research journal, 2007, 35 (3): 260 -281.

· **XU Q, ZHOU Y, YE M,** et al. Perceived social support reduces the pain of spending money [J]. Journal of consumer psychology, 2015, 25 (2): 219 -230.

· **JOSEPHS R A, SELLERS J G, NEWMAN M L,** et al. The mismatch effect: whentestosterone and status are at odds [J]. Journal of personality and social psychology, 2006, 90 (6): 999.

· **RUIZ-DE-LA-TORRE J L, MANTECA X.** Effects of testosterone on aggressive behaviour after social mixing in male lambs [J]. Physiology & behavior, 1999, 68 (1 -2): 109 -113.

· **DABBS JR J M, ALFORD E C, FIELDEN J A.** Trial lawyers and testosterone: bluecollar talent in a white-collar world 1 [J]. Journal of applied social psychology, 1998, 28 (1): 84 -94.

· **GRANT V J, FRANCE J T.** Dominance and testosterone in women [J]. Biological psychology, 2001, 58 (1): 41 -47.

· **BUSS D M.** Conflict between the sexes: strategic interference and the evocation of anger and upset [J]. Journal of personality and social psychology, 1989, 56 (5): 735.

· **DIETZE P, KNOWLES E D.** Social class and the motivational relevance of other human beings: evidence from visual attention [J]. Psychological science, 2016, 27 (11): 1517 -1527.

· **VALENZA E, SIMION F, CASSIA V M,** et al. Face preference at birth [J]. Journal of experimental psychology: human perception and performance, 1996, 22 (4): 892.

· **GALINSKY A D, MAGEE J C, INESI M E,** et al. Power and perspectives not taken [J]. Psychological science, 2006, 17 (12): 1068 -1074.

· **HILL S E, RODEHEFFER C D, GRISKEVICIUS V,** et al. Boosting beauty in an economic decline: mating, spending, and the lipstick effect [J]. Journal of personality and social psychology, 2012, 103 (2): 275.

· **NETCHAEVA E, REES M K.** Strategically stunning: the professional motivations behind the lipstick effect [J]. Psychological science, 2016, 27 (8): 1157 -1168.

· **ETCOFF N L, STOCK S, HALEY L E,** et al. Cosmetics as a feature of the extended human phenotype: modulation of the perception of biologically important facial signals [J]. PloS one, 2011, 6 (10): e25656.

- **SCHIPPERS M C, VAN LANGE P A.** Superstition as a psychological placebo in top sport [J]. Journal of applied social psychology, 2006, 36 (10): 2532 -2553.
- **CONVERSE B A, RISEN J L, CARTER T J.** Investing in karma: when wanting promotes helping [J]. Psychological science, 2012, 23 (8): 923 -930.
- **LERNER M J.** The belief in a just world : a fundamental delusion [J]. Contemporarysociology, 1982, 11 (2).
- **CALLAN M J, KAY A C, DAVIDENKO N,** et al. The effects of justice motivation on memory for self- and other-relevant events [J]. Journal of experimental social psychology, 2009, 45 (4): 0 -623.
- **GASIOROWSKA A, ZALESKIEWICZ T, KESEBIR P.** Money as an existential anxiety uffer: exposure to money prevents mortality reminders from leading to increased death thoughts [J]. Journal of experimental social psychology, 2018, 79: 394 -409.

2장

- **MATTHEWS W J, GHEROGHIU A I, CALLAN M J,** et al. Why do we overestimate others' willingness to pay? [J]. Judgment and decision making, 2016, 11 (1): 21 -39.
- **CLARK A E, SENIK C.** Who compares to whom? The anatomy of income comparisons in Europe. The economic journal, 2010, 120 (544), 573 -594.
- **VAN BOVEN L, CAMPBELL M C, GILOVICH T.** Stigmatizing materialism: on stereotypes and impressions of materialistic and experiential pursuits [J]. Personality and social psychology bulletin, 2010, 36 (4): 551 -563.
- **DECI E L.** Intrinsic motivation. New York, NY, US [J]. 1975.
- **LEFEVRE C E, LEWIS G J, PERRETT D I,** et al. Telling facial metrics: facial width is associated with testosterone levels in men [J]. Evolution and human behavior, 2013, 34 (4): 273 -279.
- **LEFEVRE C E, WILSON V A, MORTON F B,** et al. Facial width - to - height ratio relates to alpha status and assertive personality in capuchin monkeys [J]. PLOS ONE, 2014, 9 (4).
- **JUDGE T A, CABLE D M.** The effect of physical height on workplace success and income: preliminary test of a theoretical model [J]. Journal of applied psychology, 2004, 89 (3): 428 -441.

· **BELLEZZA S, GINO F, KEINAN A,** et al. The red sneakers effect: inferring status and competence from signals of nonconformity [J]. Journal of consumer research, 2014, 41 (1): 35 -54.

· **HATTON E, TRAUTNER M N.** Equal opportunity objectification? The sexualization of men and women on the cover of Rolling Stone [J]. Sexuality & culture, 2011, 15 (3): 256 -278.

· **MORADI B, HUANG Y P.** Objectification theory and psychology of women: a decade of advances and future directions [J]. Psychology of women quarterly, 2008, 32 (4): 377 -398.

· **BLAKE K R, BASTIAN B, DENSON T F,** et al. Income inequality not gender inequality positively covaries with female sexualization on social media [J]. Proceedings of the national academy of sciences, 2018, 115 (35): 8722 -8727.[4] BUSS D M. The strategies of human mating [J]. American scientist, 1994, 82 (3):238 -249.

· **AUTOR D, DORN D, HANSON G.** When work disappears: manufacturing decline and the falling marriage - market value of young men [J]. CEPR discussion paper, 2018, No. DP11878.

· **SINGH, D.** Adaptive significance of female physical attractiveness: role of waist-to-hip ratio [J]. Journal of personality and social psychology, 1993, 65 (2): 293.

· **FURNHAM A, SWAMI V, SHAH K.** Body weight, waist-to-hip ratio and breast size correlates of ratings of attractiveness and health [J]. Personality and individual differences, 2006, 41 (3): 443 -454.

· **张腾霄，韩布新.** 红色更性感: 影响因素与进化基础[J]. 心理科学进展, 2017, 25 (6): 1069 -1076.

· **JONES A L, RUSSELL R, WARD R.** Cosmetics alter biologically-based factors of beauty: evidence from facial contrast [J]. Evolutionary psychology, 2015, 13 (1): 210 -229.

· **HILL S E, RODEHEFFER C D, GRISKEVICIUS V,** et al. Boosting beauty in an economic decline: mating, spending, and the lipstick effect [J]. Journal of personality and social psychology, 2012, 103 (2): 275 -291.

· **HSEE C K, WEBER E U.** A fundamental prediction error: self -others discrepancies in risk preference [J]. Journal of experimental psychology: general, 1997, 126 (1): 45 -53.

· **POLMAN E.** Self-other decision making and loss aversion [J]. Organizational behavior and human decision processes, 2012, 119 (2): 141 -150.

· **TRUMP R K, FINKELSTEIN S R, CONNELL P M,** et al. I will risk a stranger' s money, but not my own or my friend' s money: effect of proximity of the money source to the self on financial risk - taking [J]. Marketing letters, 2015, 26 (4): 501 -512.

· **WALASEK L, BROWN G D A.** Income inequality, income, and internet searches for status goods: a cross-national study of the association between inequality and well-being [J]. Social indicators research, 2016, 129: 1001 -1014.

· **WALASEK L, BHATIA S, BROWN G D A.** Positional goods and the social rank hypothesis: income inequality affects online chatter about high-and low-status brands on twitter [J]. Journal of consumer psychology, 2017, 28 (1).

· **BRICKER J, RAMCHARAN R, KRIMMEL J.** Signaling status: the impact of relative income on household consumption and financial decisions [J]. Working paper, 2014 -76.

· **CHRISTEN M, MORGAN R M.** Keeping up with the Joneses: analyzing the effect of income inequality on consumer borrowing [J]. Quantitative marketing and economics, 2015, 3: 145 -173.

· **WISMAN J D.** Household saving, class identity, and conspicuous consumption [J]. Journal of economic issues, 2009, 43: 89 -114.

· **BOWLES S, PARK Y.** Emulation, inequality, and work hours: was Thorsten Veblen right? [J]. Economic journal, 2005, 115: F397 - F412.

· **FALK A, KOSFELD M.** The hidden costs of control [J]. The American economic review, 2006, 96 (5): 1611 -1630.

· **FALKINGER J, FEHR E, GACHTER S,** et al. A simple mechanism for the efficient provision of public goods-experimental evidence [J]. The American economic review, 2000, 90 (1): 247 -264.

· **FEHR E, ROCKENBACH B.** Detrimental effects of sanctions on human altruism [J]. Nature, 2003, 422 (6928): 137 -140.

· **FREY B S, OBERHOLZERGEE F, EICHENBERGER R,** et al. The old lady visits your backyard: a tale of morals and markets [J]. Journal of political economy, 1996, 104 (6): 1297 -1313.

· **PORTNEY K E.** Potential of the theory of compensation for mitigating public opposition to hazardous waste treatment facility siting: some evidence from five Massachusetts Communities [J]. Policy studies journal, 1985, 14 (1): 81 -89.

· **MANSFIELD C, VAN HOUTVEN G, HUBER J,** et al. Compensating for public harms:why public goods are preferred to money [J]. Land economics, 2002, 78 (3): 368 -389.

· **DEVOE S E, IYENGAR S S.** Medium of exchange matters: what's fair for goods is unfair for money [J]. Psychological science, 2010, 21 (2): 159 -162.

· **BAUMEISTER R F.** Choking under pressure: self-consciousness and paradoxical effects of incentives on skillful performance [J]. Journal of personality and social psychology, 1984, 46 (3): 610 -620.

· **SCHNEIDER P A.** Good business: leadership, flow, and the making of meaning [J]. Journal of consumer marketing, 2004, 21 (3): 227 -228.

· **ARIELY D, GNEEZY U, LOEWENSTEIN G,** et al. Large stakes and big mistakes [J]. The review of economic studies, 2009, 76 (2): 451 -469.

· **GLUCKSBERG S.** The influence of strength of drive on functional fixedness and perceptual recognition [J]. Journal of experimental psychology, 1962, 63 (1): 36 -41.

· **OKADA E M, HOCH S J.** Spending time versus spending money [J]. Journal of consumer research, 2004, 31 (2): 313 -323.

· **LIU W, AAKER J.** The happiness of giving: the time-ask effect [J]. Journal of consumer research, 2008, 35 (3): 543 -557.

· **WHILLANS A V, CARUSO E M, DUNN E W,** et al. Both selfishness and selflessness start with the self: how wealth shapes responses to charitable appeals [J]. Journal of experimental social psychology, 2017: 242 -250.

· **CRYDER C, BOTTI S, SIMONYAN Y,** et al. The charity beauty premium: satisfying donors' "Want" versus "Should" desires [J]. Journal of marketing research, 2017, 54 (4): 605 -618 [1] BHATT C B, BECK-SAGUÉ C M. Medicaid expansion and infant mortality in the United States [J]. American journal of public health, 2018, 108 (4): 565 -567.

· **SCHELLING T C.** The life you save may be your own [J]. Problems in public expenditure, 1968: 127 -162.

· **KOGUT T, RITOV I.** The "identified victim" effect: an identified group, or just a single individual? [J]. Journal of behavioral decision making, 2005, 18 (3): 157 -167.

· **STAPEL D A, VELTHUIJSEN A S.** "Just as if it happened to me": the impact of vivid and self-relevant information on risk judgments [J]. Journal of social and clinical psychology, 1996, 15 (1): 102.

· **JENNI K, LOEWENSTEIN G.** Explaining the identifiable victim effect [J]. Journal of risk and uncertainty, 1997, 14 (3): 235 -257.

· **GNEEZY A, GNEEZY U, NELSON L D,** et al. Shared social responsibility: a field experiment in pay-what-you-want pricing and charitable giving [J]. Science, 2010, 329 (5989): 325 -327.

· **ANDREONI J, RAO J M, TRACHTMAN H,** et al. Avoiding the ask: a field experiment on altruism, empathy, and charitable giving [J]. National bureau of economic research, 2011.

· **王栩淳，钟笑寒.** 从婚姻匹配看户口的价值———来自CFPS 的证据[J]. 经济学报, 2018, 5 (1): 150 -186.

· **MEHTA R, ZHU M.** Creating when you have less: the impact of resource scarcity on product use creativity [J]. Journal of consumer research, 2016, 42 (5): 767 -782.

3장

· **THOMAS M, SIMON D H, KADIYALI V,** et al. The price precision effect: evidence from laboratory and market data [J]. Marketing science, 2010, 29 (1): 175 -190.
· **MASON M F, LEE A J, WILEY E A,** et al. Precise offers are potent anchors: conciliatory counteroffers and attributions of knowledge in negotiations [J]. Journal of experimental social psychology, 2013, 49 (4): 759 -763.
· **HEATH C, SOLL J B.** Mental budgeting and consumer decisions [J]. Journal of consumer research, 1996, 23 (1): 40 -52.
· **LEVAV J, MCGRAW A P.** Emotional accounting: how feelings about money influence consumer choice [J]. Journal of marketing research, 2009, 46 (1): 66 -80.
· **THALER, RICHARD H.** Anomalies: saving, fungibility, and mental accounts [J]. Journal of economic perspectives, 1990, 4 (1): 193 -205.
· **THALER R H.** Mental accounting and consumer choice [J]. Marketing science, 2008.
· **TVERSKY A, KAHNEMAN D.** The framing of decisions and the psychology of choice [J]. Science, 1981, 211 (4481): 453 -458.
· **LIEFELD J P, HESLOP L A.** Reference prices and deception in newspaper advertising [J]. Journal of consumer research, 1985, 11 (4): 868 -876.
· **BLAIR E A, LANDON E L.** The effects of reference prices in retail advertisements [J]. Journal of marketing, 1981, 45 (2): 61 -69.
· **URBANY J E, BEARDEN W O, WEILBAKER D C,** et al. The effect of plausible and exaggerated reference prices on consumer perceptions and price search [J]. Journal of consumer research, 1988, 15 (1): 95 -110.
· **MOBLEY M F, BEARDEN W O, TEEL J E.** An investigation of individual responses to rensile price claims. [J]. Journal of consumer research, 1988, 15 (2): 273 -279.
· **GUPTA S, COOPER L G.** The discounting of discounts and promotion thresholds [J]. Journal of consumer research, 1992, 19 (3): 401 -411.
· **FREDERICK S.** Overestimating others' willingness to pay [J]. Journal of consumer research, 2012, 39 (1): 1 -21.
· **SHIV B, CARMON Z, DAN A.** Placebo effects of marketing actions: consumers

may get what they pay for [J]. Journal of marketing research, 2005, 42 (4): 383 -393.

· **ERICKSON G M, JOHANSSON J K.** The role of price in multi - attribute product evaluations [J]. Journal of consumer research, 1985, 12 (2): 195.

· **LALWANI A K, FORCUM L.** Does a dollar get you a dollar's worth of merchandise? The impact of power distance belief on price - quality judgments [J]. Journal of consumer research, 2016, 43 (2): ucw019.

· **LALWANI A K, SHAVITT S.** You get what you pay for? self - construal influences pricequality judgments [J]. Journal of consumer research, 2013, 40 (2): 255 -267.

· **SURI R, MONROE K B.** The effects of time constraints on consumers' judgments of prices and products [J]. Journal of consumer research, 2003, 30 (1): 92 -104.

· **BORNEMANN T, HOMBURG C.** Psychological distance and the dual role of price [J]. Journal of consumer research, 2011, 38 (3): 490 -504.

· **WEIJTERS B, CABOOTER E, BAUMGARTNER H.** When cheap isn't the same as not expensive: generic price terms and their negations [J]. Journal of consumer psychology, 2018, 28: 543 -559.

· **ROZIN P, BERMAN L, ROYZMAN E.** Biases in use of positive and negative words across twenty natural languages [J]. Cognition and emotion, 2010, 24: 536 -548.

· **MASTERS T M, MISHRA A.** The influence of hero and villain labels on the perception of vice and virtue products [J]. Journal of consumer psychology, 2018, 10 (2): 1532 -7663.

· **ODED N, ANAT K, RAN K.** The functional alibi [J]. Journal of the association for consumer research, 2016, 1 (4): 479 -496.

· **AKNIN L B, BARRINGTON-LEIGH C P, DUNN E W,** et al. Prosocial spending and well-being: cross-cultural evidence for a psychological universal. [J]. Journal of personality and social psychology, 2013, 104 (4): 635 -652.

· **DUNN E W, AKNIN L B, NORTON M I.** Prosocial spending and happiness: using money to benefit others pays off [J]. Current directions in psychological science, 2014, 23 (1): 41 -47.

· **DUNN E W, AKNIN L B, NORTON M I.** Spending money on others promotes happiness [J]. Science, 2008, 319 (5870): 1687 -1688.

· **GILOVICH L V B T.** To do or to have? That is the question [J]. Journal of personality and social psychology, 2010, 85 (6): 1193.

· **CARTER T J, GILOVICH T.** The relative relativity of material and experiential purchases. [J]. Journal of personality and social psychology, 2010, 98 (1): 146 -159.

· **ANG S H, LIM E A C, LEONG S M,** et al. In pursuit of happiness: effects of mental subtraction and alternative comparison [J]. Social indicators research, 2015, 122 (1):

87 -103.

· **BHATTACHARJEE A, MOGILNER C.** Happiness from ordinary and extraordinary experiences [J]. Journal of consumer research, 2014, 41 (1): 1 -17.

· **PECK J, SHU S B.** The effect of mere touch on perceived ownership [J]. Journal of consumer research, 2009, 36 (3): 434 -447.

· **HORNIK J.** Tactile stimulation and consumer response [J]. Journal of consumer research, 1992, 19 (3): 449 -458.

· **RAGHUBIR P, SRIVASTAVA J.** The denomination effect [J]. Journal of consumer research, 2009, 36 (4): 701 -713.

· **RICK S, CRYDER C, LOEWENSTEIN G,** et al. Tightwads and spendthrifts [J]. Journal of consumer research, 2008, 34 (6): 767 -782.

· **MISHRA H, MISHRA A, NAYAKANKUPPAM D,** et al. Money: a bias for the whole [J]. Journal of consumer research, 2006, 32 (4): 541 -549.

· **王晓微, 原献学.** 货币支付行为中的面额效应[J]. 心理研究, 2012 (1): 72 -77.

· **ATLAS S, BARTELS D M.** Periodic pricing and perceived contract benefits [J]. Journal of consumer research, 2018, 45 (2): 350 -364. [1] RAGHUBIR P, MORWITZ V G, SANTANA S . Europoly money: how do tourists convert foreign currencies to make spending decisions? [J]. Journal of retailing, 2012, 88 (1): 7 -19.

· **SHAFIR E, DIAMOND P, TVERSKY A.** Money illusion [J]. Quarterly journal of economics, 1997, 112 (2): 341 -374.

· **DUCLOS R, KHAMITOV M.** Compared to dematerialized money, cash increases impatience in intertemporal choice [J]. Journal of consumer psychology (forthcoming), 2019, available at SSRN: https: / / ssrn. com/ abstract =3324780

· **CAI F, BAGCHI R, GAURI D K.** Boomerang effects of low price discounts: how low price discounts affect purchase propensity [J]. Journal of consumer research, 2016, 42 (5): ucv057.

· **ALBA J, MELA C, SHIMP T,** et al. The effect of discount frequency and depth on consumer price judgments [J]. Journal of consumer research, 1999, 26 (2): 99 -114.

· **ALBA J W, BRONIARCZYK S M, URBANY S J E.** The influence of prior beliefs, frequency cues, and magnitude cues on consumers' perceptions of comparative price data [J]. Journal of consumer research, 1994, 21 (2): 219 -235.

· **PELHAM B W, SUMARTA T T, MYASKOVSKY L.** The easy path from many to much: the numerosity heuristic [J]. Cognitive psychology, 1994, 26 (2): 103 -133.

· **PRELEC D, LOEWENSTEIN G.** The red and the black: mental accounting of savings and debt [J]. Marketing science, 1998, 17 (1): 4 -28

· **GOURVILLE J T.** Payment depreciation: the behavioral effects of temporally separating payments from consumption [J]. Journal of consumer research, 1998,

25 (2): 160 -174.

- RICK S, CRYDER C, LOEWENSTEIN G. Tightwads and spendthrifts [J]. Social science electronic publishing, 2008, 34 (6): 767 -782.

- POLMAN E, EFFRON D A, THOMAS M R. Other people's money: money's perceived purchasing power is smaller for others than for the self [J]. Journal of consumer research, 2017, 45 (1): 109 -125.

- BULLOUGH E. Psychical distance' as a factor in art and an aesthetic principle. [J]. British journal of psychology, 1912, 5 (2): 87 -118.

- BAUMEISTER R F, BRATSLAVSKY E, FINKENAUER C, et al. Bad is stronger than good [J]. Review of general psychology, 2001, 5 (4): 323 -370.

- BENARTZI S, THALER R H. Risk aversion or myopia? choices in repeated gambles and retirement investments [J]. Management science, 1999, 45 (3): 364 -381.

- BRICKMAN P, COATES D, JANOFF - BULMAN R. Lottery winners and accident victims: is happiness relative? [J]. Journal of personality and social psychology, 1978, 36 (8): 917.

- CHEN M K, LAKSHMINARAYANAN V, SANTOS L R. How basic are behavioral biases? evidence from capuchin monkey trading behavior [J]. Journal of political economy, 2006, 114 (3): 517 -537.

- CZAPIńSKI J. Negativity bias in psychology: an analysis of Polish publications [J]. Polish psychological bulletin, 1985.

- GOTTMAN J, GOTTMAN J M, SILVER N. Why marriages succeed or fail: and how you can make yours last [M]. New York: Simon and Schuster, 1995.

- HARBAUGH W T, KRAUSE K, BERRY T R. GARP for kids: on the development of rational choice behavior [J]. American economic review, 2001, 91 (5): 1539 -1545.

- HARINCK F, VAN DIJK E, VAN BEEST I, et al. When gains loom larger than losses: reversed loss aversion for small amounts of money [J]. Psychological science, 2007, 18 (12): 1099 -1105.

- HUSTON T L, VANGELISTI A L. Socioemotional behavior and satisfaction in marital relationships: a longitudinal study [J]. Journal of personality and social psychology, 1991, 61 (5): 721.

- KAHNEMAN D, TVERSKY A. Prospect theory: an analysis of decision under risk [M]. Handbook of the fundamentals of financial decision making: part I. 2013: 99 -127.

- LI Y J, KENRICK D T, GRISKEVICIUS V, et al. Economic decision biases and fundamental motivations: how mating and self-protection alter loss aversion [J]. Journal of personality and social psychology, 2012, 102 (3): 550.

· **ROZIN P, ROYZMAN E B.** Negativity bias, negativity dominance, and contagion [J]. Personality and social psychology review, 2001, 5 (4): 296 –320.
· **TOM S M, FOX C R, TREPEL C,** et al. The neural basis of loss aversion in decision – making under risk [J]. Science, 2007, 315 (5811): 515 –518.

4장

· **KAVENY M C.** Billable hours in ordinary time: a theological critique of the instrumentalization of time in professional life [J]. Loyola University of Chicago law journal, 2001, 33: 173.
· **DEVOE S E, PFEFFER J.** The stingy hour: how accounting for time affects volunteering [J]. Personality and social psychology bulletin, 2010, 36 (4): 470 –483.
· **DEVOE S E, PFEFFER J.** Hourly payment and volunteering: the effect of organizational practices on decisions about time use [J]. Academy of management journal, 2007, 50 (4): 783 –798.
· **DEVOE S E, PFEFFER J.** When time is money: the effect of hourly payment on the evaluation of time [J]. Organizational behavior and human decision processes, 2007, 104 (1): 1 –13.
· **MOGILNER C.** The pursuit of happiness: time, money, and social connection [J]. Psychological science, 2010, 21 (9): 1348 –1354.
· **PFEFFER J, CARNEY D R.** The economic evaluation of time can cause stress [J]. Academy of management discoveries, 2018, 4 (1): 74 –93.
· **GRISKEICIUS V, ACKERMAN J M, CANTU S M,** et al. When the economy falters, do people spend or save? Responses to resource scarcity depend on childhood environments [J]. Psychological science, 2013, 24 (2): 197 –205.
· **GRISKEICIUS V, TYBUR J M, ACKERMAN J M,** et al. The financial consequences of too many men: sex ratio effects on saving, borrowing, and spending [J]. Journal of personality and social psychology, 2012, 102 (1): 69.
· **SOMAN D, CHEEMA A.** Earmarking and partitioning: increasing saving by low-income households [J]. Journal of marketing research, 2011, 48 (1): 14 –22.
· **ÜLKÜMEN G, CHEEMA A.** framing goals to influence personal savings: the role of specificity and construal level [J]. Journal of marketing research, 2011, 48 (6): 958 –969.
· **SOMAN D, Zhao M.** The fewer the better: number of goals and savings behavior [J]. Journal of marketing research, 2011, 48 (6): 944 –957.

· **ZHU M, BAGCHI R, HOCK S J.** The mere deadline effect: why more time might sabotage goal pursuit [J]. Journal of consumer research, 2018, 45 (5): 1068 -1084.

· **EMILY N GARBINSKY, JOE J GLADSTONE.** The consumption consequences of couples pooling finances [J]. Journal of consumer psychology, 2018, 10 (2): 1532 -7663.

· **CHEON B K, HONG Y Y.** Mere experience of low subjective socioeconomic status stimulates appetite and food intake [J]. Proceedings of the national academy of sciences, 2017, 114 (1): 72 -77.

· **DUBOIS D, RUCKER D D, GALINSKY A D.** Super size me: product size as a signal of status [J]. Journal of consumer research, 2011, 38 (6): 1047 -1062.

· **PICKETT K E, KELLY S, BRUNNER E,** ET AL. Wider income gaps, wider waistbands? an ecological study of obesity and income inequality [J]. Journal of epidemiology & community health, 2005, 59 (8): 670 -674.

· **张结海.** 中国男人调查[J]. 领导文萃, 2009 (10): 149 -149.

· **MING L Y, JIAN L, K. -S C D,** et al. When love meets money: priming the possession of money influences mating strategies: [J]. Frontiers in psychology, 2016, 7 (781).

· **LYDON J E, MENZUES-TOMAN D, Burton K,** et al. If-then contingencies and the differential effects of the availability of an attractive alternative on relationship maintenance for men and women [J]. Journal of personality and social psychology, 2008, 95 (1): 50.

· **BUSS D M, SCHMITT D P.** Sexual strategies theory: an evolutionary perspective on human mating [J]. Psychological review, 1993, 100 (2): 204.

· **PIFF P K, KRAUS M W, STÈPHANE C,** et al. Having less, giving more: the influence of social class on prosocial behavior [J]. Journal of personality and social psychology, 2010, 99 (5): 771 -784.

· **VOHS K D, MEAD N L, GOODE M R.** The psychological consequences of money [J]. Science, 2006, 314 (5802): 1154 -1156.

· **BAUMEISTER R F.** Meanings of life [M]. New York: guilford, 1991.

· **HEINE S J, PROULX T, VOHS K D.** The meaning maintenance model: on the coherence of social motivations [J]. Pers soc psychol rev, 2006, 10 (2): 88 -110.

· **KUSHLEV K, DUNN E W, ASHTON-JAMES C E.** Does affluence impoverish the experience of parenting? [J]. Journal of experimental social psychology, 2012, 48 (6).

· **TWENGE J. M, FOSTER C C A.** Parenthood and marital satisfaction: a meta-analytic review [J]. Journal of marriage and family, 2003, 65 (3): 574 -583.

· **JUDGE T A, LIVINGSTON B A, HURST C.** Do nice guys-and gals-really finish last? The joint effects of sex and agreeableness on income [J]. Journal of personality and social psychology, 2012, 102 (2): 390 -407.

· **SPENGLER M, BRUNNER M, DAMIAN R I,** et al. Student characteristics and behaviors at age 12 predict occupational success 40 years later over and above childhood IQ and parental socioeconomic status [J]. Developmental psychology, 2015, 51 (9): 1329 -40.

· **NOBLE K G, ENGELHARDT L E, BRITO N H,** et al. Socioeconomic disparities in neurocognitive development in the first two years of life [J]. Developmental psychobiology, 2015, 57 (5): 535 -551.

· **NOBLE K G, HOUSTON S M, BRITO N H,** et al. Family income, parental education and brain structure in children and adolescents [J]. Nature neuroscience, 2015, 18 (5): 773.

5장

· **XIE W, YU B, ZHOU X,** et al. Money, moral transgressions, and blame [J]. Journal of consumer psychology, 2014, 24 (3): 299 -306. [1] HAIDT J. The new synthesis in moral psychology [J]. Science, 2007, 316 (5827): 998 -1002.

· **Graham J, Haidt J, Koleva S,** et al. Moral foundations theory: the pragmatic validity of moral pluralism [J]. Advances in experimental social psychology, 2012: 55 -130.

· **GREENE D, STERNBERG B, LEPPER M R,** et al. Overjustification in a token economy [J]. Journal of personality and social psychology, 1976, 34 (6): 1219 -1234.

· **LEPPER M R, GREENE D, NISBETT R E.** Undermining children's intrinsic interest with extrinsic reward: A test of the "overjustification" hypothesis [J]. Journal of personality & social psychology, 1973, 28 (1): 129 -137.

· **PESSIGLIONE M, SCHMIDT L, DRAGANSKI B,** et al. How the brain translates money into force: a neuroimaging study of subliminal motivation [J]. Science, 2007, 316 (5826): 904 -906.

· **GINO F, MOGILNER C.** Time, money, and morality [J]. Psychology science, 2014, 25 (2): 414 -421.

· **SANDEL M J.** What money can't buy: the moral limits of markets [J]. International review of economics, 2013, 60 (1): 101 -106.

· **SHADDY F, SHAH A K, VAN OSSELAER S.** Deciding who gets what, fairly [J]. Journal of consumer research, 2018.

· **CARLSSON F, HE H, MARTINSSON P.** Easy come, easy go-the role of windfall money in lab and field experiments [J]. Experimental economics, 2013, 16 (374): 190 -207.

· **ARKES H R, JOYNER C A, PEZZO M V,** et al. The psychology of windfall gains. [J]. Organizational behavior & human decision processes, 1994, 59 (3): 331 -347.

· **THALER R.** Mental accounting and consumer choice [J]. Marketing science, 1985, 4 (3): 199 -214.

· **LEVAV J, MCGRAW A P.** Emotional accounting: how feelings about money influence consumer choice [J]. Journal of Marketing Research, 2009, 46 (1): 66 -80.

· **PIFF P K, KRAUS M W, COTE S,** et al. Having less, giving more: the influence of social class on prosocial behavior [J]. Journal of personality and social psychology, 2010, 99 (5): 771 -784.

· **COTE S, HOUSE J, WILLER R.** High economic inequality leads higher-income individuals to be less generous [J]. Proceedings of the national academy of sciences of the United States of America, 2015, 112 (52): 15838 -43.

· **MISRA S K, HUANG C L, OTT S L.** Consumer willingness to pay for pesticide - free fresh produce [J]. Western journal of agricultural economics, 1991, 16 (2): 218 -227.

· **REYNISDOTTIR M, SONG H Y, AGRUSA J.** Willingness to pay entrance fees to natural attractions: an Icelandic case study [J]. Tourism management,2008,29 (6): 1076 -1083.

· **GUAGNANO G A, DIETZ T, STERN P C,** et al. Willingness to pay for public goods: a test of the contribution model [J]. Psychological science, 1994, 5 (6): 411 -415.

· **GUAGNANO G A.** Altruism and market-like behavior: an analysis of willingness to pay for recycled paper products [J]. Population and environment, 2001, 22 (4): 425 -438.

· **JORGENSEN B, SYME G.** Protest responses and willingness to pay: attitude toward paying for stormwater pollution abatement [J]. Ecological economics, 2000, 33 (2): 251 -265.

· **PIFF P K, STANCATO D M, COTE S,** et al. Higher social class predicts increased unethical behavior [J]. Proceedings of the national academy of sciences of the United states of America, 2012, 109 (11): 4086 -4091.

· **GINO F, PIERCE L.** The abundance effect: unethical behavior in the presence of wealth [J]. Organizational behavior and human decision processes, 2009, 109 (2): 142 -155.

- **FRANK R H, REGAN G D T.** Does studying economics inhibit cooperation? [J]. The journal of economic perspectives, 1993, 7 (2): 159 -171.
- **MARWELL G, AMES R E.** Economists free ride, does anyone else?: experiments on the provision of public goods, IV [J]. Journal of public economics, 1981, 15 (3): 295 -310.
- **PRUCKNER G J, SAUSGRUBER R.** Honesty on the streets: a field study on newspaper purchasing [J]. Journal of the european economic association, 2013, 11 (3): 661 -679.
- **POPPEN P J, AUTOR D H.** Does studying economics discourage cooperation? watch what we do, not what we say or how we play [J]. Journal of economic analysis & policy, 2014, 10 (3): 177 -86.

비록 나는 부의 축복에 감사하지만 부로 인해 내가 달라지지는 않았다.
내 발은 아직 땅을 딛고 있다. 단지 좀 더 좋은 신발을 신었을 뿐이다.

오프라 윈프리

돈에 관해 자식을 교육시키는 가장 손쉬운 방법은
그 부모가 돈이 없는 것이다.
캐서린 화이트혼

돈은 비료와 같은 것으로
뿌리지 않으면 쓸모가 없다.
프랜시스 베이컨

돈이란 힘이고 자유이며, 쿠션이자 모든 악의 근원이기도 한 동시에,
한편으로는 최대의 행복이 되기도 한다.

칼 샌드버그

재산은 가지고 있는 자의 것이 아니고,
그것을 즐기는 자의 것이다.

하우얼